XADREZ ESCOLAR:
UMA ABORDAGEM PSICOPEDAGÓGICA

FATIMA LUCIA BISPO SANTOS

Xadrez Escolar - Uma abordagem psicopedagógica
Copyright© *Editora Ciência Moderna Ltda., 2012*

Todos os direitos para a língua portuguesa reservados pela EDITORA CIÊNCIA MODERNA LTDA.

De acordo com a Lei 9.610, de 19/2/1998, nenhuma parte deste livro poderá ser reproduzida, transmitida e gravada, por qualquer meio eletrônico, mecânico, por fotocópia e outros, sem a prévia autorização, por escrito, da Editora.

Editor: Paulo André P. Marques
Produção Editorial: Aline Vieira Marques
Assistente Editorial: Amanda Lima da Costa
Capa: Daniel Jara
Diagramação: Janaína Salgueiro
Copidesque: Luciana Nogueira

Várias **Marcas Registradas** aparecem no decorrer deste livro. Mais do que simplesmente listar esses nomes e informar quem possui seus direitos de exploração, ou ainda imprimir os logotipos das mesmas, o editor declara estar utilizando tais nomes apenas para fins editoriais, em benefício exclusivo do dono da Marca Registrada, sem intenção de infringir as regras de sua utilização. Qualquer semelhança em nomes próprios e acontecimentos será mera coincidência.

FICHA CATALOGRÁFICA

SANTOS, Fatima Lucia Bispo.

Xadrez Escolar - Uma abordagem psicopedagógica

Rio de Janeiro: Editora Ciência Moderna Ltda., 2012.

1. Xadrez; 2. Pedagogia
I — Título

ISBN: 978-85-399-0272-9   CDD 794.1
                                 370

Editora Ciência Moderna Ltda.
R. Alice Figueiredo, 46 – Riachuelo
Rio de Janeiro, RJ – Brasil   CEP: 20.950-150
Tel: (21) 2201-6662/ Fax: (21) 2201-6896
E-MAIL: LCM@LCM.COM.BR
WWW.LCM.COM.BR   06/12

Agradecimentos

- Agradeço a Deus pela possibilidade de cumprir essa jornada.
- A meus pais e a minha sobrinha Jade pela inspiração.
- A grande amiga Soraya Jordão pelo apoio, companheirismo e competência dedicados antes, durante e depois do percurso desse trabalho.
- A minha orientadora, Simone Cagnin, com com quem muito aprendi durante esse período.
- Aos meus alunos da Escola Municipal (EM) Pedro Aleixo, especialmente Leonardo e Anderson, que no ano de 1998 (quando cursavam a 7ª série) me ensinaram a jogar xadrez; da EM Frederico Eyer, do Colégio Cruzeiro, do Colégio Santo Antônio, da Cooperativa Educacional da Região de Jacarepaguá (CEREJA); do Colégio Faria Brito, da Escola Oga Mitá e do Colégio Santa Mônica.

- À direção da EM Frederico Eyer inicialmente, professora Maria Jane Piorotti (diretora) e Luisa (diretora adjunta), assim como também à professora Emília Cunha (Coordenadora pedagógica e agora diretora adjunta) pela parceria na elaboração, aprovação e desenvolvimento do Projeto *Xadrez Além Xeque*.

- Às Professoras Ignezita Monteiro — Coordenadora da 7ª Coordenadoria Regional de Educação (CRE) — e Nedi Costa — Diretora da Divisão de Educação da 7ª CRE — pelo apoio e aposta.

- À Secretaria Municipal de Educação, na pessoa da professora Cristina Brum, responsável pelo parecer favorável que possibilitou a implantação do Projeto *Xadrez Além Xeque* na EM Frederico Eyer.

- A todos os meus colegas de trabalho que no cotidiano das nossas *práxis* pedagógicas muito contribuem para a minha formação profissional.

Resumo

A partir do relato da experiência desenvolvida na Escola Municipal Frederico Eyer, na cidade do Rio de Janeiro, com o projeto *Xadrez Além Xeque*, é feita uma relação do aprendizado e prática do xadrez com a aquisição das diversas aprendizagens escolares, especialmente a aquisição da leitura e da escrita, ao que tudo indica, viabilizada pelo incremento das funções cognitivas e executivas desenvolvidas pelo jogo, além da ampliação da capacidade de solucionar problemas. Percebeu-se que através desse jogo é possível interferir na postura dos alunos frente ao ato de aprender. Ratifica-se a relação positiva Xadrez Escolar/Educação o que aponta para o potencial psicopedagógico desse jogo, podendo ser utilizado tanto em ambientes pedagógicos (sala de aula) como psicopedagógico (clínica ou institucional) nas diversas fases do trabalho (diagnóstico e tratamento).

Palavras-chave: Xadrez Escolar, Leitura, Escrita, Aprendizagem, Funções Cognitivas, Funções Executivas, Solução de Problemas.

Sumário

1. Introdução 1
2. Xadrez escolar e psicopedagogia 5
   2.1. Considerações iniciais sobre o Xadrez Escolar 5
   2.2 Espaço de ação ou tabuleiro de jogo 7
   2.3 Acerca do xadrez escolar 9
   2.4 O Que faz o Xadrez ser Escolar 11
   2.5 O Xadrez Escolar na mídia 17
   2.6 Xadrez, Funções Executivas e Solução de Problemas ... 23
3. **PROJETO XADREZ ALÉM XEQUE: Um estudo exploratório** 29
   3.1. Histórico do projeto Xadrez além xeque: relato de uma experiência 29
   3.2 Caracterização da escola 36
   3.3 Os estudantes participantes 37
   3.4 Procedimento e instrumento: O jogo de Xadrez 38
      3.4.1 Considerações sobre o tabuleiro 40
      3.4.2 O Tabuleiro 42
      3.4.3 Posição inicial das peças 44
      3.4.4 As peças, movimentos e capturas 46
      3.4.5 O Peão 47
      3.4.6 Lances especiais do peão: Salto, Promoção e An Passant 49
      3.4.7 A Torre 51
      3.4.8 O Bispo 53
      3.4.9 Dama 55
      3.4.10 O Cavalo 55
      3.4.11 O Rei 56
      3.4.11 Características especiais do Rei 58

3.4.12 Xeque e Xeque-mate 58
3.4.13 Reforçando o conhecimento sobre as peças e o conceito de Xeque e Xeque-Mate 62
3.4.15. Cavalos X peões / Bispos X peões / Torres X peões 62
3.4.16. Xadrez da velha 64
3.4.17. Gato e rato 65
3.4.18. Xadrez dos números 67
3.4.19. Todos x Rei 68
3.4.20. Construção de Mate 70
3.4.21. Mata-mata 70
3.4.22. Xadrez Mutante 71
3.4.23. Xadrez invisível 72
3.4.24. Xadrez Húngaro 73
3.5 O Cotidiano da Sala de Xadrez 74
3.6. Refletindo sobre o tabuleiro 76
3.6.1. O valor relativo das peças 76
3.6.2. Sobre os peões 79
3.6.3. Sobre as regras 79
3.6.4. Sobre o apoio 84

4. Conclusão **85**

5. Referências Bibliográficas **89**

ANEXO I
Quadros de acompanhamento das turmas **93**
PEÇAS QUE A TURMA MOVIMENTA 93
CONCEITOS QUE A TURMA DOMINA 94

ANEXO II
Avaliação diária **97**
AVALIAÇÃO DIÁRIA 97

1. Introdução

A Psicopedagogia é uma área do conhecimento interessada não só nos processos de aprendizagem, mas também, e fundamentalmente, no sujeito cognoscente; o sujeito da ação da aprendizagem que, por sua vez, dialeticamente, também produz conhecimento. Esse sujeito que é tanto biológico quanto cultural nas mesmas proporções, pode estar no consultório, na sala de aula, na corporação, enfim, em qualquer lugar onde exista um objeto de aprendizagem.

Ocorre que, por vezes, esse sujeito cognoscente-biológico-cultural encontra alguns entraves no seu processo de aprendizagem. Esses obstáculos podem ser tão multifacetados quanto à própria constituição do sujeito. A Psicopedagogia tem se dedicado a identificação e tratamento dessas eventuais barreiras na aprendizagem.

Profissionais como Sara Pain, Alícia Fernandez, Nádia Bossa, Maria Lúcia Weiss, Lino de Macedo, Beatriz Scoz (só para citar alguns) têm se debruçado sobre a tarefa de dar consistência teórica a essa área que é prática na sua concepção. No Brasil tem sido de suma importância a contribuição desses autores para a construção de uma *práxis* psicopedagógica.

Dentro dessa perspectiva, o presente trabalho trata de uma abordagem psicopedagógica de uma atividade que vem sendo cada vez mais utilizada nas escolas brasileiras, como instrumento facilitador da aprendizagem: o Jogo de Xadrez. É senso comum, dentre aqueles que lidam com a relação Xadrez/Educação ou Xadrez/Aprendizagem, que o Xadrez pode ter um importante papel no processo ensino-aprendizagem. No entanto, apesar da bibliografia técnica sobre o xadrez ser vastíssima, inclusive com seções sobre "Psicologia do Xadrez", observamos pouca produção teórico-empírica sobre "como" o Xadrez pode se tornar, de fato, um instrumento psicopedagógico.

O objetivo desse trabalho é apresentar uma metodologia do ensino do Xadrez como facilitadora para a "transferência de aprendizagem", especialmente a transferência de tarefas que envolvam planejamento, concepção de estratégias, detecção de erros e controle de automatismos, ou seja, atividades que envolvam as chamadas "funções executivas". Nesse sentido, então, não estamos nos referindo à transferência de "conteúdos" escolares relacionados a domínios específicos de conhecimento, mas sim à transferência de estratégias gerais e de uma "maneira de organizar o pensamento" que é requisitada frente a qualquer situação-problema complexa, seja esse problema um jogo de xadrez, uma atividade que envolva operações aritméticas ou a leitura de um texto.

De modo complementar, acreditamos que a metodologia aqui proposta também possa auxiliar na transferência de uma "postura" frente ao ato de aprender, isto é, em uma mudança comportamental que envolva maior disponibilidade para a construção de conhecimentos de maneira mais motivada, lúdica e cooperativa. Outro objetivo adjacente, mas que é também de fundamental importância é o de romper com o estereótipo de que o Xadrez é uma atividade para homens, ricos, brancos e com inteligência acima da média.

Embora o presente livro seja baseado em um trabalho que vem sendo desenvolvido em algumas escolas públicas, privadas e no estágio em Prática Psicopedagógica no Serviço de Psicologia Aplicada da Universidade do Estado do Rio de Janeiro (SPA/UERJ), priorizaremos aqui uma reflexão sobre o *Projeto Xadrez Além Xeque,* projeto este que vem sendo desenvolvido há quase três anos na EM Frederico Eyer, no bairro Cidade de Deus, na Zona Oeste da cidade do Rio de Janeiro.

Iniciaremos a nossa revisão de literatura tecendo algumas considerações sobre o papel do Xadrez na aprendizagem, na qual buscamos revelar como se deu a nossa aproximação com o tema e como este trabalho vem se desenvolvendo, ao longo de quase dez anos, de forma a tornar imprescindível o aporte psicopedagógico e a relação com as funções executivas e solução de problemas.

A seguir, com um enfoque metodológico, será caracterizada a escola estudada e suas peculiaridades, os sujeitos participantes, o instrumento utilizado, ou seja, o Jogo de Xadrez com suas regras e características, bem como os procedimentos utilizados.

Serão feitas também considerações sobre eventos e resultados encontrados em nosso estudo, ainda que inconclusivos, que apontam para a ratificação da relação Xadrez/aprendizagens escolares, destacadamente na aquisição da leitura e da escrita. A nosso ver, são eventos que fazem do xadrez um instrumento psicopedagógico em potencial, tanto no contexto psicopedagógico (diagnóstico e tratamento) — quando está associado a outros instrumentos e intervenções — quanto em sua utilização em sala de aula.

Por fim, buscamos tecer conclusões sobre a importância do Xadrez Escolar na aprendizagem, além de levantamos algumas questões que merecem ser aprofundadas em estudos subsequentes.

2. Xadrez escolar e psicopedagogia

2.1. Considerações iniciais sobre o Xadrez Escolar

A um aprendiz de xadrez são apresentados conceitos e lances elementares para garantir uma boa abertura do jogo, com a ocupação de casas importantes no tabuleiro, evitando-se assim as possíveis armadilhas do parceiro de jogo, bem como a preparação para ataques futuros. No caso presente, mantendo-se aqui uma analogia com o jogo de xadrez, as "casas" importantes são as possíveis dificuldades de aprendizagem enfrentadas por alunos nos primeiros anos do ensino fundamental, dificuldades essas que serão discutidas no âmbito escolar, tendo o xadrez como instrumento de mediação e de potencialização do desenvolvimento de estratégias e de planejamento de ações em diferentes domínios do conhecimento escolar.

O fracasso escolar é um fenômeno que tem desafiado muitos pesquisadores pelo mundo a fora há bem mais de um século. Classicamente diz respeito à evasão escolar e a repetências múltiplas de alunos que, no geral, não completam a educação básica. É recorrente a afirmação de que se trata de um problema multifacetado: modelo de sociedade, questões familiares, políticas públicas em geral, modelo de escola, de gestão dessa escola, estilo de ensino, de aprendizagem etc. Marcadamente, refere-se a condições extrínsecas que interferem na aprendizagem.

De outro lado, estão as dificuldades e os transtornos de aprendizagem que dizem respeito a questões intrínsecas do aluno (fatores emocionais, fisiológicos, neurológicos etc.) e que comprometem a aquisição da leitura, da escrita, dos cálculos, o desenvolvimento da compreensão etc. Porém, com a atenção necessária, essas dificuldades não se transformam, necessariamente, em fracasso escolar, pois para determinados alunos, especialmente aqueles de classe socioeconômica mais favorecida, costuma haver o apoio de uma equipe de profissionais de diferentes áreas que procuram minimizar esse tipo de dificuldade. Por exemplo, um problema na fala e/ou na escrita de uma criança de classe média alta poderia ser abordado por uma equipe multidisciplinar composta por psicólogo, fonoaudiólogo, psicopedagogo etc., com boa chance de ser resolvido por essas múltiplas intervenções. Entretanto, para um aluno de classe socioeconômica baixa, por sua vez, desprovido da possibilidade de contar com esse tipo de apoio, a principal consequência de suas dificuldades de aprendizagem costuma ser o que se denomina "fracasso escolar". Inclusive, o contraste expresso na falta de políticas públicas para atender a crianças com dificuldades de aprendizagem nas classes socioeconômicas mais baixas, parece-nos configurar um forte indicativo de desigualdade social.

Parece pertinente objetar que, além da situação de risco social a que, geralmente, estão expostos os alunos da rede pública de ensino, especialmente os oriundos de comunidades de baixa renda, esses também estão expostos a uma "situação de risco de fracasso escolar", seja pelas condições extrínsecas severamente impostas ou pelas condições intrínsecas negligenciadas pelas redes públicas de educação e saúde dentre outras.

Reverter o histórico de fracasso escolar e dificuldade de aprendizagem não é só uma questão de políticas educacionais, mas também de políticas assistenciais (e não assistencialistas), de saúde, de habitação, de segurança, de trabalho, de saneamento, ou seja, uma questão de políticas públicas articuladas para construir o sucesso escolar.

O típico aluno da rede pública de ensino no Brasil, especialmente do ensino fundamental, é justamente aquele que não tem acesso aos serviços de apoio às possíveis dificuldades de aprendizagem e para o qual as políticas públicas têm se mostrado ineficientes, haja vista, por exemplo, a quantidade de analfabetos funcionais que proliferam pelas redes públicas de ensino de todo o país.

É para este aluno que se volta a atenção nesse trabalho, com o objetivo de contribuir com a sua aprendizagem acadêmica.

2.2 Espaço de ação ou tabuleiro de jogo

Vários alunos se arrastam pela vida escolar com grandes lacunas na escrita, na leitura, nos cálculos etc., e a prática pedagógica tem mostrado que do sexto ao nono ano do Ensino Fundamental, e mesmo no ensino médio, os professores têm criado terminalidades específicas para cada aluno, tal e qual o garantido pela Lei de Diretrizes e Bases da Educação (LDB) para os portadores de necessidades educacionais especiais. Do ponto de vista da Educação Inclusiva, essa iniciativa seria louvável, não fosse a forma desarticulada e desprovida de intencionalidade pedagógica com que acontece. Sendo assim, não se sabe se aquele aluno do nono ano tem problemas graves na escrita por ser portador de algum transtorno ou dificuldade de aprendizagem; por ter sofrido um processo de alfabetização inadequado ou por quaisquer outros motivos. O fato é que a escola, enquanto instituição, falhou com esse aluno, e estamos falando especialmente da escola pública, encaminhando-o para as vias da exclusão social, ainda que ele permaneça incluído fisicamente na escola.

Ao desenvolver um trabalho de iniciação ao xadrez nas aulas de Educação Física na Escola Municipal Pedro Aleixo, situada na Cidade de Deus (Rio de Janeiro), envolvendo alunos do 1º ao 9º anos do Ensino Fundamental (EF), foi possível observar que alguns alunos com *indicativos* de Transtorno do Déficit de Atenção e Hiperatividade (TDAH) eram atraídos pelo jogo, sendo capazes de permanecer por trinta, quarenta, cinquenta minutos jogando. O diagnóstico desse transtorno, se bem feito, é complexo, longo, e apesar de ser dado por um médico neurologista, exige o apoio de uma equipe multidisciplinar, além das informações da escola. Por isso fala-se em "indicativos".

Isso nos trouxe uma instigante questão, pois o xadrez exige justamente o que nos alunos ditos hiperativos é apontado como escasso: concentração, atenção, autocontrole, paciência e perseverança para que uma jogada tenha início, meio e fim. É justamente o comprometimento da atenção em alunos com comportamento hiperativo que pode levá-los às dificuldades com a aprendizagem escolar.

Cabe destacar, porém, que não existe uma relação de causa e efeito entre hiperatividade e dificuldade de aprendizagem. Se assistida da forma adequada, uma pode existir sem a outra.

Observamos também a efetiva melhora da relação professora/aluno. Isso talvez porque o jogo exija sentar junto, próximo, o que permite falar mais baixo, olhar mais nos olhos, facilita o toque, enfim, permite um contato mais intimista, mesmo que por alguns instantes, visto as exigências de uma turma com 30 ou 40 alunos.

Com a continuação do trabalho de ensino do xadrez na escola acima mencionada; com a inclusão do mesmo como atividade extracurricular em escolas privadas e como oficina no Clube Escolar Rio das Pedras[1], chamou atenção a relação do aprendizado e da prática do xadrez com a elevação da autoestima, com a melhora da capacidade para cálculos, com a aquisição da leitura e da escrita e com a superação do estigma de "aluno que não aprende". Isso parece apontar para a possibilidade de alguma interferência positiva nas funções cognitivas comuns ao jogo e às aprendizagens escolares: atenção, concentração, abstração, memória etc.

---

1 Projeto de extensão da Secretaria de Educação da Cidade do Rio de Janeiro

A *práxis* pedagógica na área de xadrez escolar, com base nessas observações, nos permitiu o desenvolvimento de uma metodologia específica de ensino com o respaldo da psicopedagogia. A novidade não se encontra nas atividades em si propostas, mas sim na forma de organizá-las, no modo de propor as tarefas e na progressão das dificuldades do jogo, bem como na proposta de um olhar psicopedagógico menos estigmatizante e mais aberto às potencialidades dos alunos, especialmente, daqueles rotulados de "incapazes de aprender".

Esse é o objetivo maior desse trabalho, expor essa metodologia aos olhares apurados da academia e de meus pares da educação e da psicopedagogia, registrando as interferências feitas com vários alunos, a partir da elaboração de estratégias e planejamento de ação no jogo do xadrez. Esperamos contribuir assim para uma maior reflexão acerca da importância da proposição de novas estratégias psicopedagógicas, diferentes daquelas normalmente desenvolvidas na escola, como o uso lúdico do jogo de xadrez, para o favorecimento da aprendizagem, especialmente em crianças e jovens que apresentam repetência e dificuldade nas tarefas escolares.

2.3 Acerca do xadrez escolar

O xadrez tem ganhado notoriedade junto aos diversos profissionais que trabalham com educação, principalmente com a educação escolar. Esse é realmente um jogo fascinante que historicamente está ligado ao desenvolvimento do raciocínio lógico-matemático e de funções cognitivas como memória, atenção, concentração, entre outras.

Vários mitos foram criados em torno do, também chamado, "Jogo dos Reis". Um deles, talvez o mais famoso, propaga que "para jogar xadrez tem de ser gênio", "CDF", "cabeção" ou "nerd", como a garotada gosta de falar hoje. Esse é um grande equívoco que, de alguma forma, recobre o xadrez, inclusive aquele que se pretende chamar de "escolar", com certa nebulosidade.

De fato, os grandes nomes do xadrez mundial, como Anatoly Karpov, Garry Kasparov ou como o nosso Henrique da Costa Mecking – o Mequinho – são gênios nessa modalidade. Mas também o são Ronaldinho Gaúcho, Kaká e Alexandre Pato, no que se refere ao futebol, e isso não impede ninguém de aprender nem de jogar futebol. Mais ainda, não impede que a escola utilize o futebol como um instrumento pedagógico. Não parece haver motivo para ser diferente com o xadrez.

Porém, mitos, como o citado acima, por muito tempo distanciaram essa prática lúdico-esportiva da totalidade dos alunos: sempre reservado para poucos; para os gênios e com foco principal na competição. Essa última tem seu lugar no contexto escolar, porém não deve ser o único objetivo de uma atividade desenvolvida *na* ou *pela* escola.

Nos últimos anos são várias as matérias veiculadas pela mídia televisiva e escritas ligando o xadrez à educação e apontando os benefícios dessa prática para os alunos. Na Internet, encontram-se vários artigos sobre o assunto. Além disso, na cidade do Rio de Janeiro a volta dessa modalidade em uma tradicional competição escolar depois de 12 anos, fez ampliar a prática da modalidade dentro das escolas. No Rio de Janeiro, e talvez no Brasil, a vocação do xadrez parece ser mesmo escolar, com um movimento bastante interessante nas escolas públicas municipais e com a promulgação da Lei Nº 5264, de 13 de junho de 2008 que insere o xadrez nas escolas estaduais, embora não tenha emplacado.

No entanto, todas essas iniciativas têm sido dirigidas para aqueles alunos que demonstram "alguma genialidade", para que se possa cumprir o mito, deixando de fora aqueles que mais poderiam se beneficiar do xadrez: os alunos candidatos ao fracasso escolar. Normalmente, são os alunos com indicativos de dificuldade e/ou transtorno de

2. Xadrez escolar e psicopedagogia | 11

aprendizagem ou de ensinagem (como nos ensina Alícia Fernandes), com defasagem idade/série e desprovidos de apostas do professor, da escola e da família (situação bastante comum nas escolas públicas e, em número cada vez maior, nas particulares), aqueles que mais necessitam de intervenções pedagógicas alternativas, como a que pode ser proporcionada pelo xadrez.

O xadrez escolar, para além da competição, pode ser um valioso instrumento pedagógico e psicopedagógico, pois pode contribuir para a formação dos alunos e também para a transferência de aprendizagem e para o desenvolvimento das funções executivas no contexto escolar.

A psicopedagogia utiliza, dentre outros instrumentos, jogos para alcançar seus objetivos. Alguns deles de forma mais sistematizadas, como veremos mais à frente. O xadrez, em contexto psicopedagógico, carece de tal sistematização, deixando uma lacuna no entendimento das reais possibilidades desse jogo como ferramenta psicopedagógica. O que se propõe nesse estudo é uma mediação psicopedagógica entre professor/aluno e ensino/aprendizagem em uma abordagem também psicopedagógica do xadrez, para que se possa observar que tipo de benefício esse jogo pode trazer para alunos com indicativos de dificuldades e/ou transtornos de aprendizagem.

Para tanto, faz-se necessário delinear o nosso entendimento do papel do jogo de xadrez no contexto escolar, o que será abordado na próxima seção.

2.4 O Que faz o Xadrez ser Escolar

Esse ensaio é resultado de reflexões que emergiram, e continuam emergindo, de minha *práxis* pedagógica e psicopedagógica com o Xadrez, que tem como *lócus* escolas públicas e privadas da cidade do Rio de Janeiro, e o Serviço de Psicologia Aplicada (SPA) da Universidade do Estado do

Rio de Janeiro (UERJ). O objetivo é compartilhar o que hoje entendo por Xadrez Escolar e abrir uma discussão a respeito das ideias aqui expostas.

Ano a ano temos um número cada vez maior de escolas que, pelo país a fora, introduz "O Jogo dos Reis" em seus currículos, seja na própria grade curricular, como atividade extracurricular, ou como esporte de competição (alta *performance*). Porém, isso não quer dizer que, em todos os casos, estaremos frente ao Xadrez Escolar.

No caso do xadrez como esporte de competição (alta *performance*), por exemplo, ele não tem se diferenciado em nada do que é desenvolvido nos clubes de xadrez, nem na forma nem nos objetivos. O que nos faz lembrar Sávio Assis na sua crítica contundente, que aponta a necessidade de reinventar o esporte, especialmente a forma com que esse é apropriado pela escola (ASSIS, 2001). Talvez a grande diferença na escola seja a atuação cada vez maior de professores de Educação Física. Vivemos uma aproximação cada vez maior entre o xadrez e a educação física, sem acirrarmos, curiosamente, a discussão se ele é ou não é esporte. Parece que o simples fato de estar presente no rol de opções da maioria das olimpíadas, torneios, jogos e campeonatos escolares, transforma o xadrez em par do futebol, do vôlei, do basquete, da natação etc., sem maiores contestações. E, se por um lado, é aceito pacificamente no rol das atividades esportivas, por outro, as reflexões sobre a sua especificidade enquanto jogo que desenvolve o raciocínio e as estratégias de planejamento e de resolução de problemas, ou seja, as maiores contribuições que poderia dar para os alunos são relegadas a segundo plano.

Para que uma dada tarefa seja considerada "escolar" é necessário que a ela cumpra o princípio da universalidade, ou seja, que seja oferecida para toda turma, para todos os alunos daquele ano, ou para toda a escola. Estando disponível, inclusive, principalmente, para alunos que apresentam indicativos de dificuldades de aprendizagem, pois esses são os que mais podem se beneficiar com sua prática.

2. Xadrez escolar e psicopedagogia | 13

Em meio à guerra de mercado já configurada entre licenciados diversos e enxadristas ou ex-enxadristas, tem sido uma prática corriqueira organizar eventos, convidar diversas escolas e dar o nome de "Torneio de Xadrez Escolar". A competição tem seu lugar no Xadrez Escolar, porém, é comum encontrarmos na internet, por exemplo, notícias sobre "xadrez escolar" de diversas regiões do Brasil que, no geral, referem-se a torneios envolvendo escolas públicas e/ou privadas, organizados pelas respectivas federações ou pelos próprios clubes de xadrez, comprometidos com a massificação do esporte e com a detecção e seleção de talentos. De fato, esse é o papel das federações e dos clubes de xadrez, e a escola pode, realmente, ser um celeiro muito fértil, desde que tenhamos políticas públicas sérias e contínuas nesse sentido. Mas ainda não estaríamos falando, necessariamente, em Xadrez Escolar.

Apoiar a prática pedagógica em livros que adjetivam de "Escolar" o xadrez do qual tratam, embora seja uma iniciativa importante, ainda não é o bastante para que tenhamos o Xadrez Escolar. Temos no Brasil uma vasta literatura enxadrística de boa qualidade. Porém, no que se refere ao tema Xadrez Escolar, ainda estamos muito órfãos. E os que se aventuram por esse campo, salvo raros casos, não se diferenciam muito dos manuais de iniciação ao xadrez. Alguns poucos autores dão de fato, ou pelo menos tentam dar, trato diferenciado ao conteúdo enxadrístico sobre o qual se debruçam, como pode ser visto em Sylvio Rezende (2002 e 2005) e em Antônio Villar Marques de Sá (*apud* TIRADO, 2003).

Vários estados e municípios brasileiros aprovaram, entre os anos de 2008 e 2009, leis que inauguram o que vem sendo chamado de Programa de Aprendizagem do Xadrez (PAX), que incentiva a prática do xadrez nas escolas públicas, embora não fale em obrigatoriedade nem na operacionalidade. Por vezes, esse programa está ligado à Secretaria de Educação, por outras, às secretarias de Esporte e Lazer. Estar no interior da escola, simplesmente ocupando o espaço físico dela, não faz com que o xadrez, nem nenhuma outra atividade seja, necessariamente, uma atividade "escolar".

O simples fato de incluir o xadrez como conteúdo programático das aulas de Educação Física (e os PAXs não apontam se esse é o caminho), também não é o bastante para fazê-lo "escolar". Ele pode ser incluído na escola a partir do mesmo modelo que os demais esportes o foram, ou seja, como mera reprodução das sessões de treinamento dos esportes de alto nível, ou, por outro lado, pode ser utilizado como uma segunda opção para os alunos que não gostam de atividade física. Opção bastante interessante, inclusive, mas inconsistente para fazer que essa atividade tenha um caráter "escolar".

Parece que as maiores possibilidades para a efetivação do Xadrez Escolar estão nos formatos curriculares e extracurriculares. No primeiro caso, no formato curricular, quando o mesmo faz parte da grade curricular e todos os alunos de uma turma, de um ano, de uma etapa ou de toda a escola, têm aulas de xadrez com carga horária semanal determinada e a atividade está submetida às exigências de uma disciplina escolar. E, no segundo caso, no formato extracurricular, quando o aluno pode escolher fazer ou não esse tipo de atividade, sem nenhuma obrigatoriedade, e, normalmente, isso acontece nas escolas privadas, como atividade extraclasse com custo financeiro adicional.

Cabe esclarecer que o adjetivo *escolar* aqui é, necessariamente, sinônimo de *pedagógico*. Sendo assim, não basta ser desenvolvido dentro do prédio da escola é necessário que o xadrez absorva os atributos de uma atividade pedagógica.

Apesar de ser uma atividade com grande potencial, o xadrez não é pedagógico, nem por definição, nem por si só. Campitelli e Gobet (2007) concluem de forma desalentadora uma revisão feita em pesquisas que se propõem demonstrar como as habilidades desenvolvidas no xadrez podem ser transferidas para outras áreas da vida de seus praticantes, destacadamente a área pedagógica. De acordo com esses autores erros graves nessas pesquisas comprometem o estabelecimento convincente da possibilidade e efetividade de tal transferência.

E completam dizendo que o "artigo não tem por objetivo demonstrar que tal transferência não existe, mas se propõe a indicar as falhas encontradas em estudos anteriores para conduzir investigações de maior qualidade no futuro" (p.194).

Considerando a afirmação acima e com o objetivo de contribuir para a discussão do tema, apontamos um dado absolutamente relevante, que não tem sido tratado nas pesquisas referente ao tema que hora tratamos: **a mediação**.

Essa atividade pode ser utilizada como um instrumento pedagógico, psicopedagógico ou como mero jogo. O cotidiano nas salas de aula de xadrez tem evidenciado que o que vai vinculá-lo a uma ou a qualquer outra área do conhecimento e viabilizar a transferência é o tipo de mediação feita pelo profissional que o utiliza e a sua capacidade profissional de introduzir o xadrez na sua *práxis*.

Sendo assim, não se pode dizer que a mera adaptação de atividades enxadrísticas para crianças se configure como Xadrez Escolar. Por exemplo, pedir para uma criança colorir o caminho mais curto que deve percorrer a Torre que está na casa a1 para chegar a casa f5 não será uma atividade pedagógica se não for mediada por um profissional da área e não estiver inserida em uma determinada *práxis,* a um determinado contexto e revestido de total intencionalidade.

A *práxis* pode ser entendida como uma atitude perante a realidade, nesse caso a realidade educacional, que revela uma determinada visão de mundo. Pegando carona na concepção de Vazquez (1990), trata-se de uma atividade prática material real (ação pedagógica, aula, atendimento), exclusivamente humana (por professores, psicopedagogos, para alunos), adequada a finalidades (objetivos educacionais, aprendizagem), que transformam o mundo natural e humano (aluno, aprendiz, ser cognoscente, conteúdo, aprendizagem). Sendo assim, sem atividade teórica, sem intencionalidade, sem reflexão e transformação, não há ação pedagógica.

Pois bem, para que se faça jus ao adjetivo "escolar" (pedagógico), não basta ser trazido para o interior dos prédios escolares, o Xadrez tem que ser trazido para o interior das *práxis* pedagógica.

Além disso, é necessário que a mediação feita pelo profissional faça com que o aprendiz progrida em sua zona de desenvolvimento proximal (VYGOTSKY,1994). Para tanto, faz-se necessário que o professor conheça e saiba operar com os processos cognitivos envolvidos e as funções executivas potencializadas pelo xadrez. Não basta saber que o xadrez ajuda a desenvolver a atenção, memória, abstração, raciocínio lógico-matemático etc. (SÁ, 2003), se não se sabe, por exemplo, como a memória atua na aprendizagem.

Sem a pretensão de ter esgotado o tema, resumidamente, arrisco dizer que o adjetivo "escolar" só pode ser empregado quando há a mediação consciente e intencional de um profissional da educação. Afinal, ensinar não é para qualquer um!

O que se pretende aqui é delinear uma prática pedagógica que venho chamando de "abordagem psicopedagógica do xadrez escolar". Fruto de uma prática de quase 10 anos, essa abordagem tem, como objetivos centrais, estimular o desenvolvimento a partir da aprendizagem, como propõe Vygotsky (1994) em seu conceito de "zona de desenvolvimento proximal", bem como favorecer a competência em diversas funções cognitivas, principalmente de alunos com histórico de dificuldades na aquisição da leitura e da escrita. Essa abordagem, inclusive, pode ser utilizada como instrumento psicopedagógico também no consultório, o que amplia o seu potencial de ação e a abrangência de contextos em que pode ser aplicada.

Para ilustrar o trabalho aqui proposto, parto de dois casos de *práxis* com o xadrez: o caso "Projeto Xadrez Além-Xeque" e caso "Bella". No primeiro, o xadrez é trabalhado em um contexto pedagógico e, no segundo, eminentemente psicopedagógico, pois está vinculado ao estágio supervisionado na modalidade clínica do Curso em Psicopedagogia da UERJ, realizado no SPA da instituição.

Em seguida, será apresentada uma discussão sobre as funções cognitivas e executivas, antes, porém, uma visão do xadrez na mídia.

2.5 O Xadrez Escolar na mídia

O xadrez escolar tem ganhado notoriedade não só nas escolas e no meio pedagógico, mas também na mídia de uma forma geral. O jornal O Globo, com grande circulação no Rio de Janeiro e no Brasil, por exemplo, nos últimos anos, trouxe, nos seus mais variados cadernos, algumas matérias que de alguma forma destacam o xadrez como instrumento pedagógico.

Em 2006 no caderno O Globo Revista do jornal acima citado, em uma matéria que apresenta os benefícios do xadrez, o Professor Carlos Amorim, que atua com xadrez em uma escola privada no Rio de Janeiro, afirma que "(...) o jogo associa o mais puro lazer com uma chance de a criança aprimorar o seu raciocínio lógico, a tomada de decisão e as atitudes de liderança. O que é meio caminho andado para se integrar no mundo competitivo de hoje" *(p. 22)*.

Para esse professor, o xadrez contribui para o desenvolvimento do raciocínio; desenvolve a capacidade de respeitar o ponto de vista dos outros; a capacidade de planejamento que, segundo ele, é responsável pela imaginação criadora; a autoconfiança, promovendo o aprendizado mesmo na derrota.

No mesmo ano, em uma edição especial sobre educação do dia 29 de outubro, o jornal *O Globo* mostra uma escola privada do município de Niterói que oferece, dentre outras atividades, o xadrez como forma de estimular o aprendizado das disciplinas tradicionais e ampliar as fontes de conhecimento dos alunos.

Com direito a foto entre as principais manchetes da primeira página, a matéria produzida pelo Jornal *O Globo* em 26 de março de 2008 informa que pelo menos dois dos 37 municípios brasileiros (Formosa GO e Teresina-PI) escolhidos pelo MEC e pelo UNICEF naquele ano como exemplo de qualidade de ensino público, a despeito da escassez orçamentária, utilizam o xadrez como uma das iniciativas para atrair os alunos e melhorar a concentração.

Além disso, pelo menos entre os anos de 2004 e 2005 o jornal mantinha na sua seção de passa-tempo o "Xadrez literário". Jogo que, através do movimento do cavalo, que se desloca em um tabuleiro 4x8, onde cada casa contém uma sílaba, dever-se-ia formar uma trova, um pensamento ou um provérbio.

Já no *Jornal do Brasil* de 7 de maio de 2007, nas páginas centrais do JB Barra, são apresentados os alunos da Escola municipal Rio das Pedras, que leva o nome da comunidade de baixa renda onde está inserida, que conquistaram o vice-campeonato nos jogos estudantis da cidade no ano anterior. O diretor destaca que o xadrez desenvolve a capacidade de concentração e organização, porém, apesar de reconhecer os méritos pedagógicos do jogo, o trabalho, que era uma iniciativa isolada do professor de educação física, foi desarticulado e desapareceu por completo com a transferência do professor para outra escola.

Apesar de muito interessante, a matéria subestima a presença do xadrez nas escolas municipais da cidade. Cabe destacar aqui a sua participação, nos Jogos Estudantis da cidade, competição na qual conquistou o segundo lugar na categoria infantil (até 14 anos) em 2006. E no ano de 2005, participaram desses Jogos cerca de 480 alunos de várias escolas divididos em 4 categorias, reunindo alunos de 09 a 15 anos. Isso sem contar os alunos que, por conta de não estarem entre os 06 componentes da equipe, não estavam presentes. Desde então, esse

2. Xadrez escolar e psicopedagogia | 19

número só tem crescido na competição e, sem sombra de dúvidas, nas escolas municipais também.

O campeão mundial Garry Kasparov, em entrevista a *Revista Veja* em 25 de agosto de 2004, fala da importância do xadrez para a educação:

> o xadrez ajuda a abrir a cabeça. Está comprovado que o xadrez ajuda a melhorar a atenção, a disciplina, o pensamento lógico e a imaginação, afirma o campeão. Continua dizendo que "não é por acaso que, nas 13000 escolas americanas onde se ensina xadrez, as crianças têm melhor desempenho em disciplinas como matemática e redação (p.11).

Na revista *Nós da escola*, produzida pela secretaria de Educação da cidade do Rio de Janeiro, a professora Marillia Raeder Auar Oliveira apresenta um texto bastante interessante intitulado *A imagem da arte literária processada pelo xadrez* em que traça alguns paralelos entre o xadrez e a literatura. A autora afirma que, assim como em um texto literário, no xadrez, de acordo com de leitor/jogador, teremos uma multiplicidade de leituras de uma mesma situação de acordo com o senso estético de cada um. Ainda fazendo a analogia entre xadrez e literatura, no xadrez há a necessidade da previsão de lances futuros que ainda não foram realizados e na literatura, por sua vez, os "lances" seriam aqueles que ainda não foram expostos no texto, como, por exemplo, novas imagens literárias e metáforas inovadoras.

A autora afirma ainda que

> Por ser o xadrez um jogo em que o praticante necessita constantemente realizar exercícios de análise de posições, raciocínio, julgamento e síntese de todas as análises feitas para decidir qual é a melhor, sua prática é uma grande atividade de exercício mental, permitindo o desenvolvimento de fatores essenciais ao domínio cognitivo, como raciocínio lógico, concentração, capacidade criativa,

memória e associação de ideias, tal como ocorre com os indivíduos habituados à leitura. Por tudo o que foi exposto, o xadrez tem sido praticado cada vez mais por crianças e adolescentes, dentro da própria escola (p.33).

E conclui dizendo que

> O envolvimento com o texto literário é, portanto, semelhante ao comprometimento em uma partida de xadrez: nós damos importância e um significado especial e único a cada texto e a cada partida, porque, na realidade, nenhum texto tem valor isoladamente. Tampouco uma partida de xadrez" (p.33).

Dando prosseguimento, o número seguinte da mesma revista apresenta um encarte em separado, da coleção *Gira Mundo*, onde são reafirmadas as ideias da professora e são sugeridas algumas atividades utilizando o xadrez e relacionando-o com várias disciplinas e mídias.

O encarte traz a ideia de que:

> A prática do xadrez dentro da escola é indispensável. Não se trata apenas de mero jogo de divertimento, pois desenvolve habilidades cognitivas. Conhecê-lo e implanta-lo nas salas de aula pode ser um excelente recurso pedagógico. (p.01)

Em uma revista trimestral (2005) de uma grande academia de ginástica do Rio de Janeiro, o xadrez aparece como a "Ginástica do cérebro" e apresenta alguns professores, entre eles Antônio Villar Marques de Sá (talvez o maior estudioso brasileiro no assunto), enfatizando os benefícios do xadrez para os seus praticantes, inclusive crianças. E, segundo o professor Charles Partos, mestre internacional de instrução pública do governo suíço, o xadrez desenvolve as habilidades como:

> (...) atenção, concentração, julgamento, planejamento, imaginação, memória, vontade de vencer, paciência, autocontrole, espírito de decisão, cora-

2. Xadrez escolar e psicopedagogia | 21

gem, lógica matemática, raciocínio analítico e sintético, criatividade, inteligência, organização metódica, estudo e interesse por línguas estrangeiras. (2005, p.45)

Segundo Villar, as aplicações do xadrez na matemática são vastas e complexas: análise da combinação de peças, cálculo de probabilidade e estatística. (p.45).

Villar aparece também no programa televisivo *Sport TV Repórter* exibido pelo canal por assinatura Sport TV, que foi ao ar pela primeira vez no dia 4/4/2009, reafirmando os benefícios do xadrez. Nesse programa é mostrada a utilização pedagógica do xadrez em uma escola de Belém do Pará, por iniciativa, outra vez, de um professor de Educação Física. Professores de outras disciplinas ratificam a mudança de atitude e o resgate de alguns alunos a partir do xadrez. Também é mostrada a intervenção pedagógica com o xadrez em uma unidade de internação para menores infratores, em uma aldeia indígena e em um hospital que atende crianças com diagnóstico ou suspeita de câncer. Tudo por iniciativa do mesmo professor.

Além disso, a matéria aborda a utilização do jogo por um homem que perdeu a visão e por uma senhora que, após um aneurisma hemorrágico, ficou com sequelas motoras e de memória. Para reabilitar os déficits motores, optou-se pelo estímulo da confecção de bijuterias e para a reabilitação da memória, pelo xadrez.

No mesmo programa, o neurologista Ítalo Venturelli aponta as áreas do cérebro que atuam quando uma pessoa joga xadrez. Segundo o médico, o jogo mobiliza a área motora (quando as peças são movidas fisicamente); a área parietal esquerda, quando se faz associações; as diversas áreas da memória; o sistema límbico, no qual se encontra o aparelho psíquico que diz respeito às emoções: ansiedade, medo, raiva etc.

Ele destaca como o desenvolvimento da iniciativa, da abstração, da capacidade julgamento, da tomada de decisão e da capacidade de raciocinar sob pressão do tempo, como os pontos mais positivos do xadrez.

O programa é finalizado mostrando os resultados em diversas modalidades esportivas alcançados por Cuba, onde o xadrez é parte integrante da preparação dos atletas. Aqui no Brasil é mostrado um clube de futebol de Belém que vem trilhando o mesmo caminho em suas categorias de base.

Na internet, encontramos um sem número de matérias sobre xadrez escolar, que vão desde divulgação e resultados de competições da modalidade até iniciativas isoladas de professores que viraram política pública, como é o caso do programa *Xadrez movimento educativo* na cidade de São Paulo (2004).

As matérias apresentadas, de alguma forma, ajudam a compor o imaginário das pessoas sobre o xadrez que acontece na escola, inclusive o imaginário dos profissionais que atuam nessa mesma escola. Essas reportagens têm em comum iniciativas isoladas de professores, em geral de Educação Física, que, em pouquíssimos casos, transformam-se em políticas públicas. Além disso, ratificam, científica e empiricamente, os laços fortes entre xadrez e educação.

Porém, o mais importante em tudo isso não está escrito e pouco foi falado. Mas, nas imagens e com um olhar mais atento aos textos, fica muito claro: a escola democratiza o xadrez! À medida que penetra nas escolas públicas das mais diversas regiões do país, essa deixa de ser uma atividade destinada aos homens brancos e ricos, para ser de meninos e meninas; de brancos, negros, índios e mestiços; de pobres e nem tão pobres assim (já que estamos falando também de escolas privadas); de portadores de necessidades especiais; de crianças, jovens e velhos, enfim, um xadrez de todos.

Todos? Eu diria de "quase" todos. Onde estão os alunos com dificuldades de aprendizagem? Como esses "programas" podem beneficiá-los? Infelizmente, parece que, mais uma vez, perdeu-se a oportunidade de fazer com que os alunos com indicativos ou diagnóstico de dificuldades e/ou transtornos de aprendizagem pudessem dar um xeque e, quem sabe em alguns casos, um xeque-mate em suas dificuldades.

2.6 Xadrez, Funções Executivas e Solução de Problemas

Jogar xadrez, em qualquer nível, exige concentrar-se em um objetivo antes mesmo de começar o jogo. Para alunos iniciantes, esse objetivo está preestabelecido de forma simples: dar o xeque-mate. Todos os lances são feitos para cumprir esse objetivo sem maiores reflexões. À medida que vão ganhando experiência e se apropriando de novos conhecimentos sobre o jogo (táticas, técnicas e estratégias), os alunos desenvolvem a capacidade de executar pequenos planos que lhes permitem conquistar áreas importantes do tabuleiro, por exemplo, para que o ataque ao Rei inimigo seja mais eficiente.

Tanto para os iniciantes como para os alunos mais experientes, estamos falando de uma utilização cada vez mais ampla das Funções Executivas. De acordo com MALLOY-DINIZ *at al.* (2008) as Funções Executivas

> (...) correspondem a um conjunto de habilidades que, de forma integrada, permite ao indivíduo direcionar comportamentos a metas, avaliar a eficiência e a adequação desses comportamentos, abandonar estratégias ineficazes em prol de outras mais eficientes e, desse modo, resolver problemas imediatos, de médio e longo prazo. (p.187)

Essas funções são requisitadas sempre que fazemos planos de ação ou temos a exigência de apresentar respostas em uma sequência apropriada. Sendo assim, a memória de trabalho e a atenção são funções cognitivas fundamentais nesse processo, além do "planejamento, solução de problemas, tomada de decisões, controle inibitório, fluência, flexibilidade cognitiva e categorização" (PENNIGTON apud MALLOY-DINIZ, 2008, p. 188).

Como podemos perceber, a Solução de Problemas está inserida no arcabouço das Funções executivas. O Xeque-mate, per si, é um problema previamente posto para todos, principalmente para os iniciantes, e os lances do parceiro e os do próprio jogador criam outras tantas situações desconhecidas. Para os alunos mais experientes, muitas posições e situações são de antemão conhecidas e não se configuram como um problema como vamos ver mais à frente.

Os autores do artigo consideram Funções Executivas "aquelas necessárias para gerenciar o comportamento humano" (p.189) e incluem:

- **Planejamento-** "consiste na capacidade de, a partir de um objetivo definido, estabelecer a melhor maneira de alcançá-lo levando em consideração a hierarquização de passos e a utilização de instrumentos necessários para a conquista da meta". (p. 195)

- **Controle inibitório-** "(...) consiste na capacidade de inibir respostas prepotentes (para as quais o indivíduo apresenta uma forte tendência) ou respostas a estímulos distratores que interrompam o curso eficaz de uma ação, ou ainda a interrupção de respostas que estejam em curso." (BARLLEY, 2001, p. 196)

- **Tomada de decisões-** "(...) envolve a escolha de uma dentre várias alternativas em situações que incluam algum nível de incerteza (risco). Nesse processo, o sujeito deve analisar as alternativas considerando diversos elementos, como análise custo/benefício (...), aspectos sociais e morais (...) e autoconsciência (...)".

Outros processos estão envolvidos: memória operacional, flexibilidade cognitiva, controle inibitório, planejamento etc. (p. 197)

- **Flexibilidade cognitiva-** "implica a capacidade de mudar [alterar] o curso das ações ou dos pensamentos de acordo com a exigência do ambiente". (p. 198)

- **Memória operacional-**"é um sistema temporário de armazenamento de informações que permite a sua monitoração e o seu manejo". (p.199)

- **Categorização-** "pode ser considerada um processo pelo qual agrupamos elementos que compartilham determinadas propriedades (...). Essa habilidade está relacionada com a formação de conceitos, raciocínio dedutivo, indutivo e abstração". p. 200

- **Fluência-** "consiste na capacidade de emitir comportamentos (verbais e/ou não verbais) em sequência, obedecendo a regras pré-estabelecidas, sejam elas explicitas ou implícitas". (p. 201)

Segundo POZO (1998), a solução de problemas está ligada a ideia de aprender a apren¬der e depende do contexto, das características e das expectativas das pessoas envolvidas. Esse mesmo autor reforça as relações entre as Funções Executivas e a Solução de Problemas quando afirma que "(...) a solução de problemas estaria mais relacionada à aquisição de procedimentos eficazes para a aprendizagem, sendo um procedimento definido como 'um conjunto de ações organizadas para a consecução de uma meta'" (p.14). Quem organiza essas ações é o Executivo Central, onde são processadas as Funções Executivas.

Por ser procedimental por excelência, o não domínio dos conhecimentos envolvidos na solução pode comprometê-la. Assim como também a comprometem a atitude do aluno diante dessa aprendizagem concreta e a adequação dos procedimentos (POZO, p.14).

No entanto deve-se ter o cuidado para não confundir problema com exercícios. Segundo LESTER (*apud* POZO, 1998), problema é "(...) uma situação que um indivíduo ou grupo quer ou precisa resolver e para a qual não dispõe de um caminho rápido e direto que o leve a solução." (p.15). Em contrapartida, "A realização de exercícios se baseia no uso de habilidades ou técnicas sobreaprendidas (ou seja, transformadas em rotinas outomatizadas como conseqüência da prática contínua)." (p.16). Estas duas "instâncias", no entanto são apontadas como sendo parte de um *continuum* educacional cujos limites são bastante tênues (p.17).

A Solução de problemas pode ser entendida de uma forma generalizada ou de forma mais especializada. Na primeira leva-se em consideração que a solução de problemas em quaisquer áreas prescinde de processos relativamente gerais, tais como: compreensão da tarefa; concepção de um plano que nos conduza a meta; execução desse plano e análise que nos leve a determinar se alcançamos ou não o plano (POZO, 1998, p.22). Esses são passos característicos para resolver qualquer problema de uma forma geral. Na continuação o autor afirma que "(...) a eficiência na solução de um problema não depende da disposição de estratégias ou habilidades gerais e transferíveis, válidas para qualquer caso, e sim dos conhecimentos específicos úteis para solucionar esses problemas." (p.31)

Embora pareçam, as duas posições do autor não são conflitantes. Quando falamos em *expertise* falamos, inevitavelmente em especialização. Para alcançar tal *expertise* na matemática é necessário se debruçar sobre problemas matemáticos e não problemas de xadrez. Mas em uma concepção mais ampla, o domínio de uma postura problematizadora alcançada através da prática do xadrez, por exemplo, é de grande valia para a solução de problemas matemáticos.

No presente trabalho o que se pretende é a transferência da capacidade de utilização das funções executivas, agora potencializadas pelo aprendizado e prática do xadrez, para outras aprendizagens escolares. É sabido que o tema "Transferência de aprendizagem" vem se mostrando difícil, mas o que se propõe aqui não é a transferência direta de uma aprendizagem em si, mas a capacidade de utilizar em situações variadas funções que parecem estar desmobilizadas para a solução de determinados problemas, principalmente leitura e escrita, tornando fundamental a mediação do profissional atuante.

3. PROJETO XADREZ ALÉM XEQUE: Um estudo exploratório

3.1. Histórico do projeto Xadrez além xeque: relato de uma experiência

A história desse projeto começa quase cinco anos antes de sua efetivação. No ano de 2000, ao me transferir para a Escola Municipal Pedro Aleixo para ministrar aulas de Educação Física, fui abordada por dois alunos da 7ª série, na época, pedindo para que eu os inscrevesse para jogar xadrez nos jogos estudantis da cidade. Fiquei surpresa com a solicitação, mas os inscrevi e pedi para que me ensinassem o básico para que eu pudesse entender o que ia acontecer no dia do evento. Isso mesmo! Para quem pensa que o professor está na escola só para ensinar, Robson e Leonardo, meus alunos de 14 e 15 anos, me ensinaram a jogar xadrez. Aprendizado que mudaria completamente o rumo da minha vida profissional.

No dia da competição, fiquei ainda mais surpresa quando chegamos ao salão nobre do Clube Municipal na Tijuca, bairro de classe média na zona norte do Rio de Janeiro, e nos deparamos com mais de 100 crianças de escolas municipais que estavam ali para jogar xadrez. Imediatamente notei que ali tinha alguma coisa de especial. Arriscaria dizer que até o ano de 2008 esse número mais que triplicou.

Não nos saímos bem nos resultados dos jogos, pois era uma competição por equipes (seis alunos por escola), como é até hoje, e nós tínhamos apenas dois componentes. Mas fiquei absolutamente encantada com o que vi. Voltamos para a escola e decidi que nos prepararíamos melhor para o ano seguinte.

A partir daí, passei a incluir entre o material tradicional de Educação Física, dois ou três tabuleiros de xadrez. Orientava uma atividade na quadra e ia dando algumas orientações para os alunos que ficavam na arquibancada, ou seja, fora da aula, e que tiveram a curiosidade aguçada pelo jogo. A cada aula que passava, aumentava o número de alunos que se revezavam nos tabuleiros, fazendo um movimento bastante interessante entre a quadra e os tabuleiros. Isso foi feito com turmas da 3ª a 8ª séries (do 4º ao 9º ano atualmente).

Comecei a observar que aqueles alunos que não paravam quietos, que tinham fama de "atentados" e que frequentemente eram apontados como hiperativos, eram capazes de ficar uma aula inteira ali no tabuleiro. Alunos que, aos 9, 10 anos ou mais, ainda não tinham se alfabetizado, apesar de uma experiência escolar com mais de cinco anos, aprenderam xadrez e demonstravam certo talento para o jogo. Isso me chamou a atenção. A partir daí comecei a ler e estudar sobre xadrez, hiperatividade e dificuldades de aprendizagem.

Em 2001 aproveitei o fato de sermos três professores para uma única quadra e introduzi o xadrez, de forma mais sistematizada para todas as minhas turmas. O trabalho ficou dividido: um tempo de aula era destinado ao xadrez no auditório e, o outro, às aulas de Educação Física na quadra de esporte. Dessa forma foi possível ampliar ainda mais as minhas observações e percebi que alguns alunos que vinham com dificuldade na aquisição da leitura e da escrita tiveram esse processo deflagrado a partir do aprendizado e da prática do xadrez.

Paralelamente, comecei a ministrar aulas de xadrez como atividade extracurricular em algumas escolas particulares e também consegui introduzir a modalidade no Clube Escolar Rio das Pedras (projeto de extensão da Prefeitura da Cidade do Rio de Janeiro).

O trabalho na EM Pedro Aleixo aconteceu nos anos seguintes de forma intermitente, sendo em 2004 dedicado às chamadas classes de progressão[1].

Em 2005, transferi uma de minhas matrículas para a EM Frederico Eyer, onde retomei o trabalho com as classes de progressão, sendo realizado de forma dividida: um tempo de aula destinado à Educação Física e, o outro, ao xadrez. Houve uma rejeição grande por parte dos alunos, pois se sentiam "roubados", com toda razão, em relação às aulas de Ed. Física. Dessa forma o projeto foi abandonado.

No final de 2006, conseguimos a aprovação, pela Secretaria Municipal de Educação, do projeto *Xadrez além xeque*, com o objetivo de oferecer o xadrez em horário e carga horária diferentes daqueles destinados à Ed. Física. Dessa forma, as turmas passaram a ter, na grade, distintamente, dois tempos de aula de Educação Física e dois tempos de Xadrez, pois os alunos têm dificuldades em estar na escola fora de seus horários de aula. Em 2007, três turmas do período final do I Ciclo de Formação e três turmas de 3ª série (preferencialmente as que receberam os alunos da agora extinta classe de progressão) passaram a ter aulas de xadrez sistematicamente. Desde então, são cerca de 180 alunos atendidos por ano, o que permitiu ampliar ainda mais minhas observações.

Na busca de referencial teórico para dar sustentação àquelas observações, resgatei os escritos de Vygotsky e seu paradigma histórico-cultural. Para esse autor, o desenvolvimento humano é pautado em três dimensões: genética, sociocultural e subjetiva. A primeira diz respeito ao desenvolvimento da raça humana em comparação com outros seres vivos (filogenética) e também ao desenvolvimento do complexo arcabouço que é o ser humano enquanto organismo vivo (ontogenética). A dimensão sociocultural, por sua vez, diz respeito ao meio onde esse complexo arcabouço está inserido. O exemplo mais

---

1 Classes que confinavam alunos não alfabetizados e em defasagem idade/série, sendo possível, ao final do ano letivo, acomodá-los na 3ª ou 4ª série.

clássico é o dos "meninos lobos". Em outras palavras, crianças que se desenvolveram bio e fisiologicamente de acordo com o esperado para a raça humana, porém só aprenderam a falar, por exemplo, quando tiveram contato com seres falantes. E, por último, porém não menos importante, a dimensão subjetiva, que diz respeito ao "Eu" de cada um, ou seja, às aflições, aos conflitos, ao posicionamento subjetivo no mundo etc., que cada indivíduo carrega dentro de si mesmo.

O resgate da construção teórica de Vygotsky traz, a reboque, uma gama de diferentes áreas do conhecimento para dar suporte ao entendimento do desenvolvimento humano: Neurociências (Neurobiologia, Neurofisiologia, Neuroanatomia...), Antropologia, Sociologia, Psicologia, Pedagogia, Filosofia etc. Neste contexto, o grande desafio dos profissionais da educação, mais precisamente dos professores, é: o que fazer com essa quantidade enorme de conhecimento que tem sido gerado, na maioria das vezes, unidisciplinarmente, sobre o fenômeno aprendizagem? Como lidar, na realidade dinâmica do cotidiano das salas de aula, com tantos e tão variados conhecimentos gerados a partir do isolamento de partes da realidade?

Com certeza esses conhecimentos não devem servir para incutir mais rótulos ao aluno, mas sim para encontrar caminhos para desenvolver o seu potencial. Como bem sinaliza, em suas palestras, a psicóloga Soraya Jordão, que trabalha com dificuldades de aprendizagem na cidade de Niterói (RJ): "as **dificuldades** de aprendizagem existem, o que não existe é **impossibilidade** de aprendizagem" (comunicação pessoal).

Vygotsky e seus seguidores destacam a importância das funções psicológicas superiores, alvo de inúmeros estudos das Neurociências hoje e fortes aliadas na relação xadrez/aquisição da leitura e da escrita. São elas: memória, percepção, atenção, pensamento e imaginação.

A memória é base de toda e qualquer aprendizagem. É necessário que exista um momento em que as informações sejam registradas na memória, para que sejam armazenadas e posteriormente resgatadas.

E a "forma" como uma dada informação é codificada e armazenada vai favorecer ou não o seu resgate posterior, através dos processos de reconhecimento e/ou de recordação. Em outros termos, quanto mais bem organizada no sistema de memória e mais significativa for uma dada informação para o indivíduo, mais facilmente haverá o resgate posterior da mesma.

No xadrez, a memória e seus processos são requisitados o tempo todo, desde o nível mais elementar de jogo até o mais avançado. Uma exigência elementar é que o aluno lembre o posicionamento inicial das peças no tabuleiro. Ou a lembrança dos movimentos de cada peça, visto que são seis tipos diferentes e cada uma se movimenta e captura[2] de forma diversa uma das outras. Somam-se a isso princípios gerais que norteiam cada uma das fases do jogo (abertura, meio-jogo e final).

Cria-se uma demanda no aluno: registrar para poder resgatar. De forma dinâmica, bem de acordo com a realidade, algumas questões vêm a reboque. A primeira delas é que, como foi dito anteriormente, é necessário que exista um momento de registro da informação. Para que esse momento se dê é necessário que os sentidos estejam a serviço dessa aprendizagem. Olhos, ouvidos, pele, boca e nariz são os canais pelos quais acontecem os primeiros registros. Logo depois, para que as informações sejam armazenadas de forma definitiva é necessário que haja operações e manipulações desses conhecimentos.

Na leitura, a percepção é importante, por exemplo, o discernimento da figura e do fundo, ou seja, o aluno deve identificar as letras em um fundo normalmente branco, a página do livro. O xadrez também tem se mostrado um bom instrumento pedagógico para potencializar essa função psicológica superior. São várias as situações que podem servir como exemplo, porém, para o nível inicial dos alunos objeto desse trabalho, o movimento do cavalo é um dos que mais se presta para

---

2 Por ser o xadrez um jogo de guerra, ao tomar a peça do adversário utiliza-se o termo capturar e não comer (caso do jogo de damas).

esse fim. O cavalo se movimenta quatro casas (contando com a que ele está), seguindo o traço de um "L" (em qualquer sentido e direção):

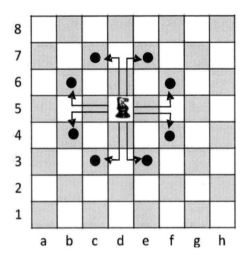

E o aluno deve, em um fundo quadriculado e bicolor que é o tabuleiro, sem os recursos visuais que vemos na figura acima, "traçar" um "L", também quadriculado, visto que é formado pelas casas desse mesmo tabuleiro, para movimentar o seu cavalo.

A atenção, processo cognitivo básico para os processos de memória, é um pré-requisito indiscutível para qualquer aprendizagem e é fundamental durante o jogo para, dentre outras coisas, evitar que se cometam "lances impossíveis" (por exemplo: mover a Torre como se fosse o Bispo), pois três "lances impossíveis" faz o aluno/enxadrista perder o jogo.

O pensamento, enquanto função psicológica superior exige, por sua vez, elaboração, organização e sistematização de ideias para que se dê o ato de ler e escrever. Elaboração necessária para organizar letras e palavras na hora de escrever, por exemplo. Essa função é ativada o tempo todo no jogo, desde a elaboração da colocação de uma peça em uma determinada casa no tabuleiro, que por vezes exige o sacrifício de outras peças, onde entra em questão o valor de cada peça, até a elaboração de jogadas mais complexas para conseguir o xeque-mate ou capturar uma peça adversária ou a conquista de uma casa chave do adversário.

Finalmente, a imaginação é necessária para conseguir abstrair o sentido da representação gráfica expressa por uma determinada palavra. Por exemplo, ao ler a palavra CAVALO, se isso não me remeter à imagem correspondente, não consigo dar sentido a uma frase que contenha essa palavra. No xadrez, estamos criando jogadas o tempo todo, desde as mais simples às mais complexas, para alcançarmos o objetivo proposto: capturar o adversário; proteger nossas próprias peças; atacar o Rei adversário etc, dando o xeque-mate. Dessa forma, a prática do jogo parece potencializar o desenvolvimento de habilidades como capacidade de antecipação, planejamento e elaboração de estratégias, dentre outras.

Algumas considerações são importantes. O conceito de dificuldades de aprendizagem precisa ser bem circunscrito:

> Dificuldade de Aprendizagem (DA) é um termo geral que se refere a um grupo heterogêneo de transtornos que se manifestam por dificuldades significativas na aquisição e uso da escuta, fala, leitura, escrita, raciocínio ou habilidades matemáticas. Esses transtornos são *intrínsecos* ao indivíduo, supondo-se devido à disfunção do sistema nervoso central, e podem ocorrer ao longo do *ciclo vital*.
> (NJCLD,1988, *apud* Jesus N.García, 1998,p.32)

Os alunos do projeto *Xadrez além xeque*, na maioria, egressos das extintas classes de progressão[3] ou retidos no ano final do I Ciclo, não

---

[3] As classes de progressão abrigavam alunos que tinham 9 anos ou mais e não tinham completado o processo de alfabetização. Foram extintas no final do ano de 2006 quando foram implantados na rede Municipal de Ensino o II e III ciclos de aprendizagem, acabando com a seriação.

teriam dificuldade alguma se a leitura e escrita não fossem legados culturais tão importantes na nossa sociedade. Além disso, é importante perceber que a maioria desses alunos-aprende uma série de outras coisas: xadrez, informática, mecânica, dança, futebol, vôlei, natação, desenho... A grande questão é: por que não aprendem a ler e escrever? Como podemos reverter esse estado de coisa? E mais, por que alguns alunos têm o processo de aquisição da leitura e da escrita deflagrados a partir da aprendizagem e prática do xadrez?

3.2 Caracterização da escola

Cidade de Deus é um bairro da região oeste da cidade do Rio de Janeiro que abriga comunidades de baixa renda em uma área fronteiriça com bairros de classe média. O bairro até então dominado pelo tráfico e pelas milícias, agora está ocupado pela força policial, o que fez cair os números relativos à violência local.

A comunidade que é servida por apenas um posto de saúde e uma delegacia, e que ficou mundialmente conhecida através do longa-metragem que leva seu nome, ganhou *status* de bairro, oficialmente, em 1981 e, de acordo com dados constantes no *site* da prefeitura da cidade, possui um pouco mais de 38 mil habitantes, sendo cerca de 14 mil com idade entre 0 e 19 anos, dos quais, aproximadamente, 2 mil são analfabetos. A maior parte dos responsáveis pelos domicílios do bairro tem renda entre ½ e 5 salários mínimos. (PREFEITURA DA CIDADE DO RIO DE JANEIRO, 2009)

A EM Frederico Eyer é uma das 12 escolas do bairro e atende a 440 alunos distribuídos em dois turnos (manhã e tarde) da Educação Infantil (EI) ao 5º ano, com idades entre 4 e 13 anos. Assim como as demais escolas da rede, vez por outra sofre com a falta de professores para atender todas as suas turmas.

Quando da realização desse levantamento, a escola contava com 13 professoras (61% com formação superior em Pedagogia ou licenciaturas), além de quatro professores de educação física (uma professora responsável pelo xadrez) e uma professora de sala de leitura. A equipe técnico-pedagógica era formada por uma coordenadora pedagógica, uma diretora, uma diretora adjunta, duas professoras, que por problemas de saúde, estavam readaptadas servindo na secretaria; quatro merendeiras e três funcionários da Companhia Municipal de Limpeza Urbana (COMLURB). Na época, não havia nenhum inspetor, pois essa figura não existia na educação municipal do Rio de Janeiro, e nenhum agente administrativo, responsável pela secretaria. Além disso, até então, as escolas eram as únicas instituições públicas da cidade que não tinham porteiro. Na Frederico Eyer não era diferente.

Assim como em todas as escolas municipais da cidade, após um ano de uma polêmica tentativa de implantação integral da escolaridade por ciclos, somente os três primeiros anos do Ensino Fundamental (EF) são cursados sob o regime de ciclo de formação, estendendo o período de alfabetização por esses três anos e não havendo reprovação de um período para outro.

No ano de 2009 a escola contava com quatro turmas de EI; dois do período inicial do ciclo; três do período intermediário; três do período final; dois do 4º ano, dois do 5º ano e uma turma do projeto, "se liga" destinado a alunos em defasagem idade/série e não alfabetizados, perfazendo um total de 17 turmas.

3.3 Os estudantes participantes

No ano de 2009 foram atendidas cinco turmas, fazendo uma composição entre o período final do I Ciclo (1300) e turmas do 4º ano (1400). Essas tinham dois tempos de aula semanais, com 50 minutos cada e assim formadas:

TURMA	NÚMERO DE ALUNOS	MENINOS	MENINAS	TURNO
1301	32	16	16	Manhã
1302	29	20	09	Manhã
1303	26	17	09	Tarde
1401	36	13	24	Manhã
1402	21	11	11	Tarde

Quadro 1. Distribuição dos alunos

Nas turmas 1302 e 1303 tínhamos três casos de alunos em defasagem idade/série em cada turma, enquanto na turma 1301, nenhum. Já nas turmas de 4º ano, tínhamos três casos de defasagem na Turma 1401 e seis na Turma 1402. Essa última inclusive, no primeiro semestre, teve nove alunos remanejados para um projeto destinado a "realfabetizar" alunos de 4º e 5º anos ainda sem domínio da leitura e da escrita, o que fez diminuir o quantitativo da turma. Esse novo projeto não podia receber aulas extras, por isso o xadrez não foi oferecido.

3.4 Procedimento e instrumento: O jogo de Xadrez

O projeto *Xadrez além xeque* foi implantado na escola no ano de 2007, em uma iniciativa ímpar na rede de educação do Rio de Janeiro. Entendendo o xadrez como um instrumento pedagógico e psicopedagógico importante, principalmente para alunos que apresentam algum tipo de dificuldade, transtorno ou déficit na aprendizagem. O projeto prioriza, desde seu início, o atendimento às turmas que possuam maior concentração de alunos com essas características.

Diferentemente dos diversos projetos de xadrez desenvolvidos em várias escolas municipais da cidade (e não são poucos), basicamente, voltados para a formação e preparação de equipes para competições escolares, esse projeto visa, prioritariamente, dar suporte a alunos que se deparam com algum obstáculo em seu processo de aprendizagem.

Outra característica marcante dessa iniciativa é o fato de atender a turmas inteiras e não a um grupo seleto de alunos. Desde 2007 o projeto atende anualmente a seis turmas (três do período final do Ciclo e três do 4º ano), totalizando cerca de 180 alunos/ano, ou seja, já são mais de 540 alunos beneficiados com essa ação. As turmas têm dois tempos de aula semanais, com 50 minutos cada.

Para tanto, a escola investiu em uma sala de xadrez com aproximadamente 24m². Reutilizamos um mobiliário que estava para ser baixado; compramos 30 jogos de peças com tabuleiros (17 utilizados em aula e o restante para eventos) e um quadro mural de xadrez magnético. Tudo com verba do Sistema Descentralizado de Pagamento (SDP)[4].

O objetivo dessa seção é compartilhar uma metodologia desenvolvida ao longo de quase dez anos trabalhando com o ensino do xadrez no EF, do 1º ao 9º ano, e mais recentemente, com subsídios da psicopedagogia. Para isso percorreremos o caminho feito nas aulas do projeto *Xadrez além xeque* das turmas do período final do I Ciclo de formação (quando eles iniciam com xadrez), indo do tabuleiro ao xeque mate, passando por alguns lances especiais, como o salto e a promoção do peão, e terminaremos com jogos para reforçar o movimento das peças e o conceito de xeque e xeque-mate, sempre fazendo considerações pertinentes ao conteúdo psicopedagógico.

---

4 Verba repassada diretamente para a escola pela prefeitura e gerida pela escola.

3.4.1 Considerações sobre o tabuleiro

São muitas as opções filosófico-didático-pedagógicas para iniciarmos o ensino e a aprendizagem dos conhecimentos constantes no tabuleiro de xadrez. Falamos aqui de um tabuleiro ainda sem peças e de um aprendiz que está longe de ser uma tábula rasa, parafraseando Paulo Freire.

Quando um iniciante percorre os olhos pelo tabuleiro, dependendo da sua faixa etária, escolaridade, experiências pregressas, contexto socioeconômico-cultural dentre outros fatores[5], muitos dados serão percebidos e outros, não. Por exemplo, crianças de 7, 8, 9 anos, que corresponderia, mais ou menos, do 1º ao 3º ano do EF no Brasil, frequentemente dizem que veem quadrados pretos e brancos (ou verdes e brancos, dependendo das cores do tabuleiro), letras e números. Alunos de um nível de escolaridade mais avançado, convidados a olhar com mais cuidado, identificam colunas, linhas e diagonais. Alunos mais velhos, em outros contextos socioeconômico-culturais ou em níveis de escolaridade ainda mais avançados, podem identificar o tabuleiro como um plano cartesiano, o que de fato ele é, além de uma série de outras coisas que sequer passam pelas nossas cabeças e que vamos aprendendo com esses sujeitos biológico-culturais de codinome Aluno.

Sendo assim, o professor precisa ter minimamente mapeado o grupo de alunos com o qual vai trabalhar, para que possa desenvolver propostas de trabalho adequadas para cada aluno ou grupo de alunos de acordo com seu estágio de desenvolvimento, sempre tendo em mente que, de alguma forma, consciente ou inconscientemente, esses aprendizes trazem algum tipo de conhecimento pertinente ao que vai ser visto no tabuleiro de xadrez. É justamente desse ponto que se

---

[5] Para uma visão mais ampla sobre o assunto recomendam-se os textos de Lev S. Vygotsky

deve partir, fazendo uma conexão do que já se sabe com a novidade que hora se apresenta, tornando consciente o conhecimento já existente. Por exemplo, todos sabemos o que é uma fila: fila de banco, fila de supermercado, fila da escola, fila de peças, fila de quadrados etc. Esse pode ser um bom ponto de partida para trabalhar o conceito de coluna.

Nesse momento inicial é importante que o professor não perca de vista a perspectiva de uma aprendizagem significativa, principalmente em se tratando de crianças e adolescentes. Sendo assim, não basta dizer ou mostrar uma coluna; pintar uma linha ou recortar e colar uma diagonal. Fazendo isso os alunos vão fixar na memória de trabalho os conceitos tratados (o que é importante, mas não o bastante), mas muito provavelmente não serão capazes de extrapolar esses conceitos para outras áreas do conhecimento ou mesmo operar com eles de forma autônoma durante o próprio jogo ou em novas aprendizagens. Não podemos nos esquecer de que o xadrez escolar não tem fins em si mesmo. Continuando com o exemplo da fila, após trazê-la para um nível consciente, brincando com vários tipos de fila, por exemplo, basta pedir para que os alunos identifiquem filas no tabuleiro e rebatizá-las como colunas.

Certamente seria muito mais fácil para o aluno e rápido para o professor simplesmente dizer o que é uma coluna ou apenas terminar na pintura e colagem. Mas, nesse caso, não teríamos um professor mediador e nem um aluno intelectualmente ativo no seu processo de construção de conhecimentos, nesse caso, enxadrísticos. O professor mediador é aquele que parte do conhecimento que o aluno já tem; que dá pistas; é aquele capaz de identificar o melhor caminho para que o aluno aprenda e a partir daí elabora e reelabora seus métodos; é aquele que tem paciência e é capaz de superar a sua própria ansiedade frente ao processo de aprendizagem do aluno; é aquele que trabalha com um grupo de 5, 10, 15, 20, 30 alunos sem perder de vista que os mesmos podem ser reagrupados de acordo com o estilo de aprendizagem e que se pode encontrar, inclusive, "grupos de 1". Embora esse último não se constitua efetivamente como grupo é importante destacar a sua importância, o seu lugar, o seu espaço junto aos demais grupos. Uma vez construído o conhecimento, aí sim, passemos a registrá-los na memória de longa duração de forma coerente com a proposta de construção.

Trabalhar o tabuleiro é, necessariamente, trabalhar noção espacial, noção essa que contribui de forma bastante significativa para aprendizagem da leitura, da escrita, do cálculo etc. Por exemplo, para lidar com as convenções da leitura e da escrita (da direita para a esquerda, de cima para baixo, dentro da linha etc.) ter a noção espacial bem trabalhada é fundamental. Isso pode ser especialmente importante para alunos que encontram obstáculos na aquisição da leitura e da escrita.

O que se segue é uma exposição didática do tabuleiro, suas linhas e áreas. A ideia é que o professor deve construir seus conhecimentos sobre esse tema e tomar algumas decisões baseadas em seus objetivos e características do grupo de alunos com o qual vai trabalhar. É possível que em algum momento uma pergunta salte: devo trabalhar o tabuleiro separadamente das peças? A resposta deve estar pautada no que chamamos de intencionalidade pedagógica, entendendo intencionalidade como uma das premissas da *práxis* (VAZQUEZ, 1997).

Com o objetivo de contribuir com o conhecimento das regras do jogo de acordo com a Federation Internationale des Echecs (FIDE) ou Federação Internacional de xadrez, nas seções que se seguem serão inseridas caixas de texto com o texto original da regra citada no nosso texto, inclusive com menção ao artigo.

3.4.2 O Tabuleiro

Esse que é um plano cartesiano com 64 casas, diferentemente do tabuleiro do jogo de damas, tem uma posição correta para ser coloca-

3. Projeto xadrez além xeque | 43

do: a última casa da direita da primeira linha do tabuleiro de cada um dos alunos tem que ser branca.

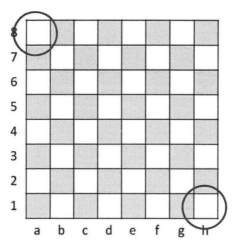

> **FIDE 7.1.b**: se, durante uma partida, constatar-se que o tabuleiro foi colocado na posição errada, a partida continua, mas a posição já jogada deve ser transferida para um tabuleiro corretamente colocado.

Nessa fase inicial é importante que o tabuleiro tenha referências nas linhas (números) e colunas (letras minúsculas) para facilitar a orientação espacial do aluno e, ao mesmo tempo, introduzi-lo em conhecimentos como "tabela de dupla entrada" e "plano cartesiano", ainda que ele não saiba o nome ou ainda não esteja trabalhando com esse conteúdo programático.

Quando os alunos entram em contato com o tabuleiro é comum a curiosidade a respeito das peças, principalmente se for a primeira vez. É interessante deixá-los manusear as peças por algum tempo e, se for possível e tiver planejado, nomeá-las.

No geral, ao pedi-los que tirem cuidadosamente as peças que estão sobre o tabuleiro para poder vê-lo melhor, o objetivo é facilmente atingido. Ao solicitar que observem o tabuleiro agora vazio e digam o que estão vendo, numa barulheira altamente produtiva, todos respondem: Quadrados! E se você pede para que olhem melhor: Letras! Números!

Pronto! Eles já têm o conhecimento inicial do que seja o tabuleiro. Quanto às suas linhas e áreas é falado à medida que as peças são apresentadas. Agora basta falar da posição inicial correta. É interessante referir-se primeiro à casa branca da direita, pois nem sempre terão (fora da escola) tabuleiros com as referências. Depois então é possível usar as referências do nome das casas (letra + número) para esse fim. Sempre tendo em conta que mais à frente eles vão precisar desse conhecimento para anotar as partidas e para o estudo ou leituras de livros de xadrez.

Desde o início é importante orientar os alunos para não apoiarem as mãos e nem os cotovelos no tabuleiro: uma boa iniciativa para manter o tabuleiro livre; evitar incidentes com as peças e garantir manutenção de uma postura física mais adequada para ver todo o tabuleiro de forma mais eficiente. Postura essa que parece favorecer a mobilização dos sentidos nos momentos de aprendizagem sistemática em qualquer sala de aula.

3.4.3 Posição inicial das peças

Independentemente da opção teórica que se faça, e do momento que se insira esse conhecimento no seu planejamento, a posição inicial das peças no tabuleiro é um dos primeiros temas que vai exigir do aprendente (termo utilizado por Alícia Fernandes em seu livro *Os idiomas do Aprendente*) a solicitação contínua de uma função cognitiva[6]

---

6 Ver Vygotsky

denominada memória. Cada peça tem um lugar determinado no tabuleiro para iniciar o jogo, com algumas nuances, como por exemplo, para a posição da Dama: a Dama branca deve iniciar na casa branca e a preta na casa preta.

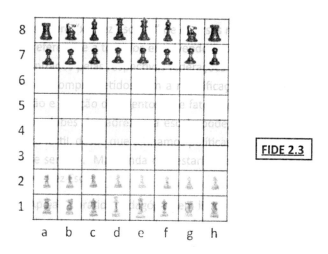

FIDE 2.3

A memória é fundamental para qualquer tipo de aprendizagem, inclusive para a aprendizagem motora. Podemos fazer com que os alunos, exaustivamente, arrumem e desarrumem o tabuleiro para que decorem a posição das peças, ou podemos elaborar estratégias para mediar a construção desse conhecimento, inclusive de forma muito mais lúdica e significativa. Normalmente, o simples fato de arrumar o tabuleiro para jogar após um exercício ou deixá-lo arrumado no final da aula, é suficiente para que esse conhecimento fique registrado na memória de longa duração.

Várias pesquisas que, de alguma forma, relacionam xadrez e funções cognitivas contrapõem a capacidade de jogadores de xadrez experientes e iniciantes (DE GROOT, 1966; CHASE; SIMON, 1973; GOBET; SIMON, 1996; GOBET et al., 2001; DIDIERJEAN et al, 2005; CASTEL et *al*, 2006). Essas pesquisas mostram, em sua maioria, não apenas uma capacidade de memória maior dos mais experientes, mas uma forma mais eficiente de utilizá-la. O que é ratificado em relação às demais funções. É justamente essa capacidade de utilizar-se de forma mais eficiente das funções cognitivas que interessa a professores e psicopedagogos.

3.4.4 As peças, movimentos e capturas

Esse é um tema fundamental para o aprendiz de xadrez. Podemos dizer que o aluno que movimenta as peças com retidão e conhece os elementos do xeque e do xeque-mate sabe jogar xadrez, ou seja, ele já é capaz de se divertir na hora do recreio, por exemplo, com esse jogo ainda que de forma básica. E já usufrui dos benefícios que o xadrez pode oferecer, se o ensino for bem mediado. E estamos apenas começando!

A variedade de peças (seis tipos diferentes), de movimentos correspondentes a cada uma delas e dos seus valores configuram o segundo grande momento de exigência da memória. E é o exercício do atendimento a essa exigência inicial que, mais uma vez, potencializa essa função cognitiva. À medida que o nível de jogo desse aluno vai aumentando outras exigências vão se apresentando e potencializando ainda mais essa memória. Além disso, outras funções começam a ser exercitadas de forma mais frequente como veremos mais à frente.

Além da relação direta com os cálculos, o valor **relativo** atribuído a cada peça, coloca a necessidade de, durante o jogo, o aluno exercitar juízo de valor e operar com sua capacidade interpretativa, pois se o valor é relativo à posição da peça no tabuleiro é o contexto do jogo que definirá seu valor real.

Quando um aluno faz um movimento incorreto ou infringe de alguma maneira as regras do xadrez, diz-se que ele cometeu um **lance**

impossível ou ilegal. Ao cometer três lances impossíveis, ele perde o jogo. Isso exige que o aprendiz tenha atenção (outra função cognitiva), para não deixar de salvar seu Rei do xeque, por exemplo, visto que seu adversário não é obrigado a comunicar o ataque ao Rei (xeque), e memória para lembrar-se da regra que impede que o Rei seja colocado em casa atacada por peças do adversário. Cabe destacar que quando falamos em captura no jogo de xadrez estamos falando em tomar a casa que a peça do adversário está ocupando. Utilizando uma frase comum nas aulas: "eu capturo a peça adversária (tiro ela do tabuleiro) e ocupo a sua casa. A casa que era do adversário, agora é minha, tal e qual na guerra". Observamos ainda que, no jogo de xadrez, ninguém é obrigado a capturar e quando se captura só se pode fazê-lo tomando uma peça por vez em cada lance.

> **FIDE 7.4.b**: para o terceiro lance ilegal efetuado pelo mesmo jogador, o árbitro deverá declarar a partida perdida para este jogador, ***desde que o oponente tenha condições de dar o xeque-mate. Caso contrário o jogo será considerado empatado. (grifo)***

3.4.5 O Peão (1 ponto)

A base para a progressão é a conhecida de muitos: "Batalha de Peões". Antes, porém, vamos conhecer essa que é a menor unidade do tabuleiro e muitas vezes menosprezada pelos alunos, mesmo os mais experientes. O peão é o soldado mais valente desse exército: Nunca recua! É a única peça do tabuleiro que não anda para trás.

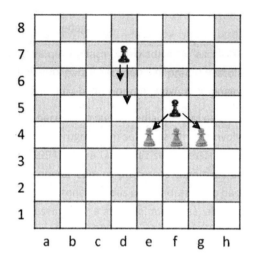

Movimento de captura: o peão preto pode capturar o peão branco que está em e4 ou o de g4, mas não pode capturar o peão de f4 a sua frente.

O peão anda uma casa para frente e só captura na diagonal. Cada lado começa o jogo com oito desses soldados. Cada um dos peões que ainda não foi mexido pode, de acordo com o desejo e a conveniência do jogador, saltar uma casa. Esse *lance especial, que não é obrigatório,* é conhecido como "salto do peão". Porém esse segredo só é revelado aos alunos após a realização de algumas batalhas.

Na "Batalha de Peões" joga-se apenas com os peões de cada jogador e o objetivo é chegar com a maior quantidade possível de peões "vivos", sãos e salvos na última linha do campo adversário. Cada peão que chega marca um ponto. Ganha quem marcar a maior quantidade de pontos. Desde já, note-se que o objetivo não é capturar mais peças que o adversário e sim fazer mais pontos, chegando com mais peões. Assim é possível começar a diferenciar o objetivo do xadrez (xeque-

-mate) do da dama (comer todas as peças) jogo mais conhecido por eles. A captura no xadrez deve fazer parte de uma estratégia ou uma escolha frente a outras possíveis, visto que não é obrigado capturar e não existe o "sopro" como no Jogo de Dama.

Posição inicial da "Batalha de Peões":

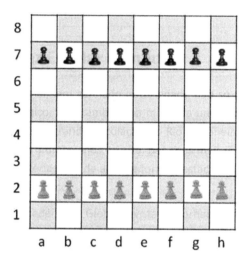

Dependendo da turma, do mobiliário e do espaço que se tem disponível, pode-se revezar as duplas de forma que todo mundo jogue com todo mundo e que todos joguem alternadamente com as peças brancas e pretas.

3.4.6 Lances especiais do peão: Salto, Promoção e An Passant

Mais acima vimos o Salto do Peão, um dos lances especiais dos peões. Antes de darmos prosseguimento a metodologia proposta, cabe esclarecer mais um lance especial desses pequeninos: a promoção.

Durante uma partida de xadrez, todo peão que consegue atravessar todo o tabuleiro e, heroicamente, chegar "vivo" à última linha do campo adversário é, merecidamente, promovido a qualquer peça que se queira, excetuando-se o Rei e peão, pois nesse último caso não se configuraria uma promoção de posto.

> **FIDE 3.7.e**: Quando o peão alcança a mais distante fileira em relação à sua posição inicial deve ser trocado como parte de uma mesma jogada na mesma casa por uma dama, torre, bispo, ou cavalo da mesma cor do peão. A escolha do jogador não está restrita a peças já capturadas na partida.

É importante destacar que a promoção não é a "recuperação" de peças que foram perdidas no decorrer da partida e sim a conquista do direito de substituir o peão por uma peça de maior valor (Bispo, Cavalo, Torre ou Dama), mesmo que o jogador ainda não tenha perdido uma peça sequer. Dessa forma é possível promover um peão a Cavalo e ficar com três dessas peças, por exemplo, e de acordo com a quantidade de peões promovidos pode-se ficar com quatro, cinco, seis ou mais Cavalos, Damas etc.

Como veremos mais a frente, enquanto o Rei é a peça de maior valor e importância do jogo, a Dama é a peça de maior poder, sendo assim, é de costume aproveitar uma promoção para adquirir mais uma Dama. Note que não é uma regra e sim um costume.

Já o *an passant* é um lance especial muito pouco utilizado, mesmo entre os mais experientes. Aqui vai ser colocado a título de curiosidade, pois, dentro dessa metodologia, só trabalhamos esse lance muito mais a frente, no geral, também apenas para satisfazer a curiosidade dos alunos, que ao lerem, pesquisarem ou conversarem sobre xadrez se deparam com esse tema.

No *an passant*, o peão branco que estiver na quinta linha ou o peão preto que estiver na quarta, ou seja, que acabou de invadir o território inimigo, e estiver em uma coluna vizinha a de um peão adversário que exerceu o direito ao salto, pode capturar o peão "saltador" como se este tivesse andado apenas uma casa e parado na sua diagonal:

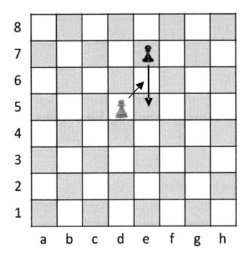

O an *passant* é um lance de captura exclusivamente entre peões e deve ser executado imediatamente após o "salto do peão" adversário, caso contrário, perde-se o direito de executá-lo.

3.4.7 A Torre (5 pontos)

Com a Torre começamos o estudo sobre as peças, pois os peões não são considerados peças, são apenas peões. Temos duas de cada lado e juntamente com a Dama são consideradas peças superiores.

52 | Xadrez Escolar

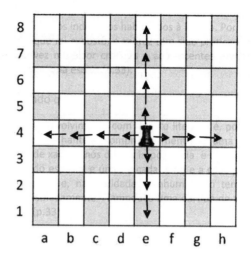

A Torre anda na horizontal e na vertical, ou, se preferir, nas colunas e nas linhas, quantas casas você quiser. Seu movimento é limitado por suas próprias peças; pelas bordas do tabuleiro e pelas peças adversárias que ela não queira, ou que julgue não ser conveniente, capturar. A propósito, ela pode capturar a peça adversária que estiver na sua direção a qualquer distância.

Dando prosseguimento, em um segundo momento da "Batalha dos Peões", os peões que chegarem sãos e salvos na última linha adversária serão promovidos à Torre. Nessa fase o objetivo do jogo passa a ser, além de chegar com peões para marcar pontos, promover Torres e impedir que seu parceiro de jogo promova, visto que quem consegue uma Torre pode jogar com ela e fica mais forte no tabuleiro. A Torre deve ser colocada exatamente na casa em que chegou o peão, substituindo o mesmo. Após a segunda promoção, os peões que chegam apenas marcam pontos. Os dois já promovidos a Torre não marcaram pontos, apenas colaboram, através da promoção, para que uma maior quantidade de pontos seja marcada.

A partir desse momento é possível perceber uma complexidade crescente no jogo, visto que agora temos uma peça que tem o movimento e a captura diferente da dos peões. Daqui para frente, a complexidade só aumenta.

3.4.8 O Bispo (3 pontos)

São dois Bispos de cada lado do tabuleiro com caráter complementar, visto que se movimentam na diagonal: um só pela diagonal clara (branca) e outro pela diagonal escura (preta). Dessa forma, para que tenhamos o controle das diagonais do tabuleiro de forma eficiente, precisamos dos dois. A perda de um deles representa um controle deficitário. Ele captura no mesmo sentido em que anda: na diagonal a qualquer distância.

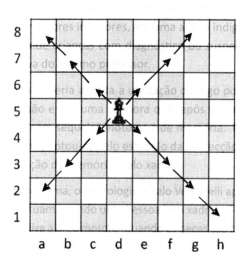

Assim como a Torre, seus movimentos são limitados por suas próprias peças, pelas bordas do tabuleiro e por peças adversárias que não sejam capturadas.

A partir desse momento, inserimos mais um dado nessa construção do conhecimento enxadrístico: a posição inicial das peças. No início dessa fase da "Batalha dos Peões" teremos os peões, como já vimos, e as Torres na sua posição inicial: nas casas localizadas nas extremidades das linhas 1 (brancas) e 8 (pretas), ou seja, casas a1 e h1 para as brancas e a8 e h8 para as pretas.

Nessa fase, as Torres já poderão ser utilizadas desde o início do jogo deslocando-se na horizontal livre ou, a partir do momento que abrir uma coluna, também pelas colunas:

O objetivo agora é promover os dois primeiros peões que chegarem a Bispo. É notório o crescimento da complexidade, agora imposto pelo acréscimo de uma terceira peça com movimento diferente. Tanto assim, que em alguns casos os alunos não conseguem promover um peão sequer. O que nos exige fazer uma partida que já inicie com os Bispos no tabuleiro e em suas casas de origem (c1 e f1 para as brancas e c8 e f8 para as pretas), para que eles possam experimentar o movimento dessas peças.

3.4.9 Dama (9 pontos)

O aluno que sabe que a Torre se movimenta na horizontal e na vertical (ou em "✚") e que o Bispo se movimenta na diagonal (ou em "X"), não terá dificuldades com a Dama, uma vez que essa combina o movimento das duas peças citadas. Por isso é considerada a mais poderosa do jogo, faz o movimento de duas peças diferentes. Certamente, não por acaso, temos apenas uma de cada lado. Além de se movimentar, também captura como a Torre e como o Bispo e tem as mesmas limitações de movimento:

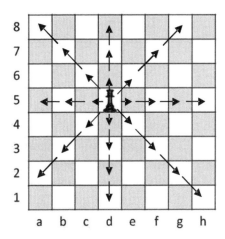

Por ser tão poderosa faremos uma "Batalha de Peões" especialmente para ela. Voltamos à formação inicial da batalha (só com peões) e os que chegarem serão promovidos à Dama.

3.4.10 O Cavalo (3 pontos)

Temos dois dele de cada lado. Essa é a peça que tem o movimento mais diferente e uma característica bastante marcante. Ele se movimenta descrevendo o traçado da letra "L" com quatro casas (contando a que ele está) em qualquer direção e sentido, menos para a diagonal.

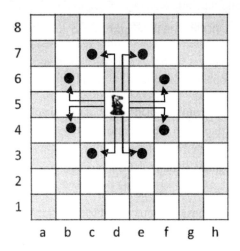

O Cavalo captura quem está na quarta casa ou no final do "L". Tem como característica especial o poder de pular outras peças, sejam elas amigas ou inimigas, mas só captura quem está na casa que ele ocupará. Essa peça também ganha uma batalha especial só para ela. Os dois primeiros peões que chegarem sãos e salvo são promovidos a Cavalo.

Aqui, cinco, seis ou mais aulas depois, dependendo da turma, encerramos as "Batalhas de Peões". O Rei, a peça seguinte, será colocado diretamente no jogo.

3.4.11 O Rei (Valor absoluto)

Essa é a peça mais importante do jogo e, talvez por isso, temos somente um de cada lado. Tudo gira em torno de defender seu próprio Rei e atacar (e não capturar) o do seu parceiro de jogo. E, em sendo o grande objetivo do jogo, tem características muito especiais.

> **FIDE 1.2**: O objetivo de cada jogador é colocar o rei do oponente "sob ataque" de tal forma que o oponente não tenha lance legal. O jogador que alcançar esse objetivo diz-se que deu xeque-mate no rei do adversário e venceu a partida. Não é permitido deixar ou colocar o seu próprio rei sob ataque, bem como capturar o rei do oponente. O oponente cujo rei sofreu xeque-mate perdeu a partida.

Seu movimento lembra em muito o da Dama, pois anda em todas as direções, porém, somente uma casa e, sendo assim, só captura as peças inimigas que estão em casas adjacentes a ele.

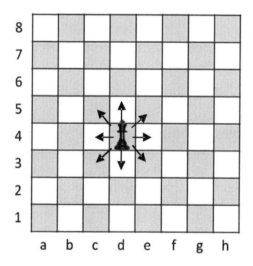

Ele é colocado no tabuleiro em sua casa inicial (e1 para as brancas e e8 para as pretas) juntamente com as demais e o objetivo é cercar e atacar o Rei do outro (*e não capturar*) para ganhar o jogo: xeque-mate!

3.4.11 Características especiais do Rei

- Não pode ser colocado voluntariamente (ainda que por distração) em uma casa atacada por peões ou peças adversárias. Sendo assim, Rei não fica em casa perto do outro Rei, pois ambos estariam em uma casa mutuamente atacada.

- Não pode ser capturado: um Rei atacado tem que, obrigatoriamente ser defendido. Ao não fazê-lo comete-se um lance impossível. Quando isso ocorre, deve-se voltar o lance que não salvou o Rei e fazer um novo lance que cumpra essa tarefa.

Essas características do Rei, dentre outras características do jogo, exige que o aluno fique atento tanto em relação ao seu jogo, quanto com os lances do parceiro.

3.4.12 Xeque e Xeque-mate

Diz-se que o Rei está em **Xeque** quando, após um lance do adversário, ele fica atacado, ou seja, suscetível de ser capturado. Nesse caso, quem tem o Rei atacado é obrigado a salvá-lo. Existem três ações possíveis para tanto:

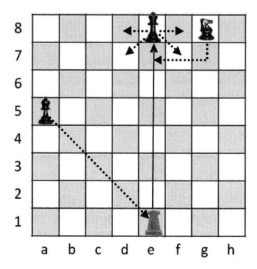

1. Capturar a peça que está atacando o Rei, com qualquer outra peça ou, se for possível e/ou necessário, com o próprio Rei. Na figura acima o Bispo preto pode capturar a Torre que está atacando o Rei preto.

2. Bloquear o ataque adversário colocando uma peça na frente do Rei. Na figura, o Cavalo preto pode ser colocado na coluna que se encontra o Rei para bloquear o ataque da Torre adversária.

3. Fugir com o Rei para uma casa segura. Na figura, o Rei preto pode ser movido para uma casa que esteja segura. Nesse caso, a casa a sua frente não lhe serve, pois também está atacada pela Torre Branca. Restam-lhe apenas as casas laterais e diagonais.

Não existe uma hierarquia para a escolha da melhor forma de salvar o Rei, tudo vai depender da situação que estiver exposta no tabuleiro. Em alguns casos, pode ser que capturar a peça que ataca o Rei seja uma grande armadilha para que se perca uma peça de maior valor para viabilizar o xeque-mate no lance seguinte por parte do parceiro de jogo. Isso exige que o aluno analise e interprete a situação que está sendo vivida naquele momento. A síntese dessa análise materializa-se no lance escolhido, dentre os outros concorrentes, levando-se em conta suas consequências para o restante da partida ou, em um nível inicial, para o próximo lance.

Em se tratando de construção de conhecimento, pode-se desafiar a turma a encontrar formas de salvar o Rei. No geral, os próprios alunos chegam a essas três possibilidades. Cabe então ao professor mediar a síntese necessária para a construção desse conhecimento.

Merecem destaque algumas ações na situação acima: análise, interpretação e síntese. Qualquer semelhança com as exigências da leitura proficiente não é mera coincidência.

Quando nenhuma dessas ações é possível, configura-se o **Xeque-mate** e o jogo acaba. Saindo vitorioso o lado que mantém o Rei do parceiro atacado. Perceba-se que, em nenhum momento o Rei é retirado do tabuleiro.

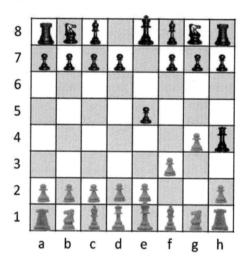

Como chegamos a essa posição:

	Brancas	Pretas
1-	f3	e5
2-	g4	Dh4++

Onde:

• letra minúscula (indica a coluna) + número (indica a linha)= lance de peão;

• letra maiúscula (indica a peça).

• ++ indica Xeque-mate

No exemplo acima temos o famoso "Mate do Louco". Nenhuma das ações enumeradas anteriormente pode salvar o Rei branco do ataque da Dama preta: Xeque-mate! É importante observar que o jogo acabou e que o *Rei continua no tabuleiro*, pois esse nunca é capturado.

E por que não é capturado? Porque, no caso visto acima e em todas as situações legais de mate, está na vez de quem acabou de ter seu Rei atacado. O lance a ser feito tem que, obrigatoriamente, salvar o Rei. No caso acima, se as pretas capturarem o Rei, estarão jogando duas vezes seguidas, contrariando as leis do xadrez. Não havendo lance possível para salvar o Rei configura-se o Xeque-Mate. Também é interessante observar que esse jogo acabou sem que nenhuma peça tenha sido capturada.

Algumas turmas dominam os conteúdos aqui expostos ainda no primeiro bimestre, por vezes no primeiro trimestre, enquanto outras podem exigir um semestre ou um ano inteiro de trabalho. Lembrando que estamos nos referindo a turmas de 3º ano do Ensino Fundamental.

3.4.13 Reforçando o conhecimento sobre as peças e o conceito de Xeque e Xeque-Mate

Depois que os alunos já tomaram contato com o movimento de todas as peças e com o conceito de Xeque e Xeque-Mate, realizamos uma série de protojogos para fixar esses conhecimentos na memória de longo prazo, ou seja, fazemos vários exercícios que já não são, por definição, problemas para esses alunos.

3.4.15. Cavalos X peões / Bispos X peões / Torres X peões (adaptado de SILVA, 2004)

Essas são variações sobre o mesmo tema, com o objetivo de fixar o movimento das peças e sua forma de captura.

Jogados em um tabuleiro 4x4, colocam-se quatro peões na primeira linha e duas peças iguais (Cavalo, Bispo ou Torre) na última linha, sendo uma em casa preta e outra em casa branca.

O objetivo é que as peças capturem todos os peões de forma que não chegue nenhum "vivo" a última linha.

Nesse jogo os peões não capturam apenas se esforçam para chegar vivos. Basta que apenas **um** dos peões chegue vivo na última linha para dar a vitória ao jogador que está jogando com eles. Quem joga com as peças ganha se capturar todos os peões.

Ninguém pode sair do "minitabuleiro" e os peões não podem usufruir do benefício do salto.

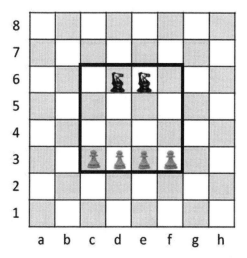

Como variação, aumentando a complexidade, podemos, gradativamente, aumentar o tabuleiro e a quantidade de peões: 5x5, 6x6, 7x7 até 8x8.

Além disso, também podemos possibilitar que os peões capturem o que torna o jogo mais complexo.

3.4.16. Xadrez da velha (adaptado de SILVA, 2004)

Assim como no "Jogo da velha" tradicional o objetivo é colocar peças da mesma cor alinhadas na coluna, diagonal ou na linha em um tabuleiro 3x3.

Não há captura nesse jogo e as peças devem ser colocadas alternadamente por cada jogador na tentativa de alinhá-las:

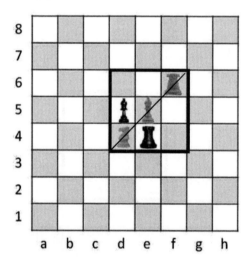

Caso o alinhamento não seja conseguido após a colocação da última peça do segundo jogador, deve-se tentá-lo movimentando as peças tal e qual no jogo de xadrez:

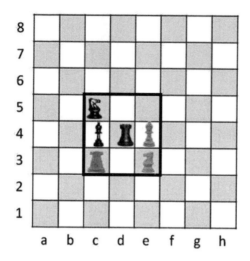

Não é permitido passar a vez e, se não houver movimento possível para um jogador o outro ganha. Se não houver movimento possível para ambos os lados o jogo está empatado. Não há captura.

3.4.17. Gato e rato (adaptado de SILVA, 2004)

Nesse jogo usam-se quatro Bispos (gatos) e um Rei (rato). Para iniciar o jogo os quatro Bispos são colocados na primeira ou na última linha nas casas da cor escolhida e o Rei na linha da extremidade oposta, em uma casa central da mesma cor que seus oponentes.

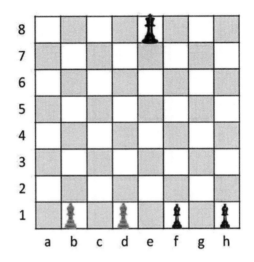

Os jogadores devem definir se vão jogar nas casas brancas ou nas pretas. Todas as peças só se movimentam na diagonal: "gatos" somente uma casa para frente e "ratos" também uma casa, podendo ser para frente ou para trás.

O objetivo é que os gatos **prendam** (e não capturem) o rato. E o objetivo do rato é conseguir chegar a uma casa na linha oposta da qual saiu.

No primeiro tabuleiro abaixo, o Rei está preso, dando vitória aos Gatos. No segundo o Rato conseguiu chegar a uma casa segura, conquistando a vitória.

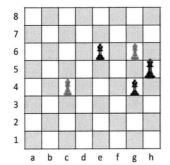 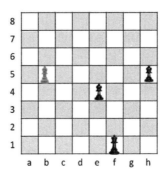

Não há captura e nem casas atacadas, dessa forma o Rei não tem impedimentos para se locomover.

Com esse jogo, pode-se introduzir ou reforçar o conceito de xeque--mate.

OBS.: Pode-se usar dois Bispos brancos e dois Bispos pretos, sem problema.

Tanto o "Xadrez da velha" quanto o "Gato e Rato" são jogos rápidos. Dessa forma pode-se fazer "melhor de 3", "melhor de 5"... Ou seja, jogam-se três partidas, quem ganhar duas é o campeão. Ou jogam-se cinco partidas e quem ganhar três é o vencedor.

3.4.18. Xadrez dos números (Autor desconhecido)

Tendo em conta que cada peça tem um valor relativo, o professor diz um número; por exemplo, 20. Os alunos devem, à sua escolha, colocar peças no tabuleiro, em suas posições iniciais, de forma que o somatório do valor dessas peças seja igual a 20. Por exemplo:

2 Torres = 10 (5+5)

1 Dama = 9

1 peão = 1

Além dessas peças, sempre é colocado o Rei que, por ter valor absoluto, não entra no somatório e começa na sua casa de origem.

Ganha quem der o mate no Rei adversário. Seguem-se as regras normais do xadrez.

OBS.: Não é necessário que os dois alunos façam a mesma configuração.

3.4.19. Todos x Rei (Tabuleiro inteiro e meio tabuleiro)

Nesse jogo, o objetivo também é trabalhar o "Mate". O nível de dificuldade é menor quando trabalhamos com as peças se movimentando livremente pelo tabuleiro e aumenta quando limitamos o espaço no tabuleiro ou eliminamos algumas peças.

O jogo inicia com um dos lados com todas as peças e sem os peões e o outro lado somente com o Rei:

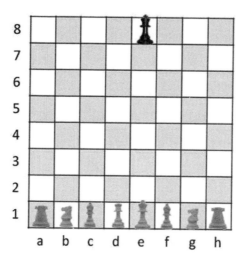

De acordo com o nível dos alunos, define-se uma quantidade máxima de lances para quem está jogando com as peças dar o Xeque-Mate, por exemplo, 10. Pode-se também definir um tempo se houver relógio de xadrez disponível.

Ganham as peças se conseguirem dar o Mate dentro do limite de lances ou do tempo estipulado. Ganha o Rei se conseguir evitar o mate.

Vale destacar que são utilizadas todas as regras do xadrez, inclusive o "lance impossível" e a possibilidade de o Rei capturar o adversário para se salvar.

Para aumentar o nível de dificuldade pode-se:
- Retirar uma das Torres
- Retirar as duas Torres
- Retirar a Dama

- Limitar o movimento das peças somente até a metade do tabuleiro, permitindo que somente a Dama possa invadir o campo adversário.
- Impedir que todas as peças invadam o lado adversário.

3.4.20. Construção de Mate (Adaptado de REZENDE, 2002)

Cada jogador deve atuar somente em sua metade do tabuleiro e cada um deve ter em mãos, além do **Rei adversário**, algumas peças definidas anteriormente. Por exemplo, duas Torres, Dama e Rei; dois Bispos e 1 Cavalo etc., de acordo com o nível dos participantes.

Cada um deve, em seu lado do tabuleiro, construir uma posição, utilizando as peças que tem em mãos, em que o Rei adversário fique em Xeque-Mate. Terminada a construção, um desafia o outro a salvar seu Rei. Marca ponto quem construir uma posição que não seja possível salvar o Rei, ou seja, que seja Xeque-Mate. Ganha quem marcar mais pontos dentro de um determinado tempo ou quem atingir primeiro a quantidade de pontos previamente combinada.

OBS.: A posição tem que obedecer às regras do jogo.

3.4.21. Mata-mata (Autor desconhecido)

Jogado em um tabuleiro normal (8x8), com todas as peças, partindo-se da posição inicial, o objetivo do jogo é jogar para perder todas as peças inclusive o Rei (que no jogo normal não pode ser capturado), sendo a captura obrigatória.

Ganha o jogo quem perder todas as peças primeiro.

3.4.22. Xadrez Mutante (Autor desconhecido)

Jogado em um tabuleiro 8x8 tem todas as características do xadrez normal, exceto pelo fato de haver mutação nos movimentos das peças. Peões e Reis são as únicas peças que não têm seu movimento alterado.

No seu primeiro lance de cada peça todas tem movimento normal, a partir daí assumem o movimento das peças que são "donas" das colunas em que param.

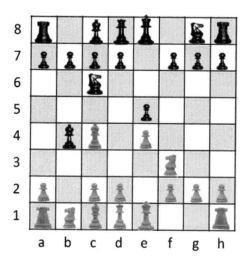

Na figura acima, o Cavalo branco de f3, em seu próximo lance deve se movimentar como Bispo, pois é essa peça que inicia o jogo na coluna em que ele está. Já o Bispo preto de b4 vai se movimentar como Cavalo.

Mesmo que a peça tenha deixado a sua casa de origem continuará causando mutação nas peças que pararem na sua coluna.

3.4.23. Xadrez invisível (Autor desconhecido)

Nesse jogo as peças só aparecem à medida que são movimentadas.

Jogado em um tabuleiro normal, o jogo começa com todas as peças fora do tabuleiro. Elas só aparecem no tabuleiro quando são movimentadas, já na casa onde vão ficar.

Na figura abaixo aparece o tabuleiro no início do jogo e, na figura seguinte, as brancas começaram jogando peão em e4 e, na sequência, as pretas respondem com Cavalo f6:

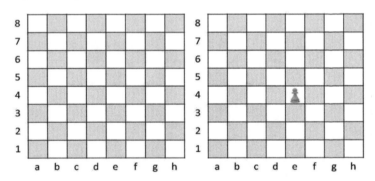

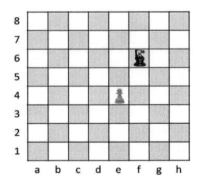

Como no jogo normal, peças não movimentadas podem ser capturadas; o Rei é atacado e deve ser defendido mesmo sem aparecer no tabuleiro (pois ainda não foi mexido).

Deve-se ficar atento para não colocar dois peões na mesma coluna ou dois Bispos na mesma diagonal, o que caracterizaria um "lance impossível".

3.4.24. Xadrez Húngaro (Adaptado de REZENDE)

Jogado em duplas, ou seja, com quatro jogadores, sendo que um da dupla joga de brancas e o outro de pretas, utilizando-se dois tabuleiros distintos, bastando dar "Mate" em um dos dois tabuleiros para dupla ganhar o jogo.

São utilizadas todas as regras do xadrez, mas com a possibilidade de jogar com mais de 16 peças. As peças capturadas por um jogador devem ser passadas para sua dupla, que pode colocá-las em qualquer lugar do tabuleiro a qualquer momento do jogo, ação que equivale a um lance.

Algumas regras específicas devem ser respeitadas:

- Não pode colocar peças atacando o Rei adversário, embora seja possível colocar peças atacando outras peças.

- As peças podem ser colocadas em qualquer posição do tabuleiro, com exceção dos peões que só podem ser colocados entre as linhas 2 e 6 para as brancas e entre a 7 e 3 para as pretas.

- Peão promovido não pode ser repassado, pois não foi capturado. Esse deve sair do jogo.

- Pode colocar peças ou peões para proteger do Xeque, desde que não contrarie as regras do jogo. Por exemplo: não se pode colocar um peão na última linha para salvar o Rei.

- Se a Torre for mexida, mesmo que se coloque uma nova na posição inicial, o Roque não poderá ser feito.

3.5 O Cotidiano da Sala de Xadrez

Como o público-alvo do projeto *Xadrez Além xeque* sempre foi prioritariamente alunos com dificuldades na aquisição da leitura e da escrita, uma necessidade que logo se impôs foi a de criação de algumas rotinas, pois muitos desses nossos alunos apresentam como característica certa desorganização.

Dessa forma, geralmente a aula é dividida em quatro partes.

1- Apresentação de um tema novo (ou continuação de um tema já apresentado)

2- Exercício

3- Jogo propriamente dito

4- Avaliação formativa

Ao introduzir um tema novo, fazemos uma recapitulação dos conhecimentos que a turma já **conquistou**. **Conquista** é uma palavra muito usada durante as aulas em contraposição as políticas assistencialistas dos diversos governos voltadas para essa camada da população. Parafraseando o cantor e compositor Ivan Lins *nada cai do céu, nem cairá. Tudo que é meu, fui buscar*: o xeque-mate não cai do céu, tem que se trabalhar com esse intuito; a nota "10" não é um presente divino e sim fruto do trabalho do conjunto da turma.

É certo que muitos de nossos alunos do projeto precisam de suporte para alcançar um desempenho que seja satisfatório para eles, para o professor e para a escola, mas o que se quer trabalhar aqui, ainda que sublinearmente, é a questão do **desejo**.

Quando é observado que a turma opera com o tema trabalhado, é marcado no quadro de acompanhamento (em anexo) a conquista da turma.

O emparceiramento é feito de forma que se evite a mesma parceria em todas as aulas:

- Meninos com meninos / meninas com meninas
- Meninos com meninas
- De acordo com ordem alfabética dos nomes
- De acordo com a ordem alfabética de trás para frente
- De acordo com o tipo de vestimenta (camisa com manga, sem manga, calça, bermuda ...)
- E outras formas de classificação

Ao final da aula, diariamente fazemos uma avaliação coletiva formativa da turma, o que gera uma nota que é anotada no quadro de "avaliação diária" (em anexo). Os itens avaliados são: o deslocamento da turma da sala de xadrez para a sala de aula (na aula anterior); o deslocamento da turma da sala de aula para a sala de xadrez; a forma que a turma entrou na sala; o silêncio e a forma como a turma trabalhou, tendo em conta o tema proposto para o dia. Dessa forma os alunos acompanham o desenvolvimento no que diz respeito ao comportamento da turma na sala de xadrez e pelos corredores da escola, o que sempre se mostrou como um problema.

3.6. Refletindo sobre o tabuleiro

3.6.1. O valor relativo das peças

Ao longo do texto expomos os valores das peças:
- **peão:** 1 ponto
- **Bispo**: 3 pontos
- **Cavalo**: 3 pontos
- **Torre**: 5 pontos
- **Dama**: 9 pontos
- **Rei**: Valor absoluto, pois vale o jogo e não pode ser capturado.

Esses são valores relativos ou de referência. A importância desse conhecimento reside no fato de a criança, ou iniciante, ter parâmetros para elaborar planos para trocas de peças. Recomenda-se sempre trocar peças de igual valor ou tomar uma peça de valor maior sacrificando uma de valor menor, embora tenhamos situações no jogo em que é recomendável sacrificar a Dama para conseguir o xeque-mate, por exemplo.

Ainda podem ocorrer situações em que um peão valha mais que uma Torre. Por exemplo, um peão (1 ponto) que está prestes a ser promovido e que pode se transformar em uma Dama (9 pontos), pode ser mais valioso que uma Torre (5 pontos). Esses valores são relativizados de acordo com a situação no tabuleiro. Vivenciar repetidamente situação como essa, pode potencializar a capacidade de análise e síntese da criança.

Aqui é possível atentar para algumas questões de ordem subjetiva. Por exemplo, crianças inseguras parecem ter maior dificuldade em concluir jogadas que interpretaram. Desta forma, encorajá-las a concluir seu pensamento, sua interpretação do tabuleiro, de uma determinada posição pode ser de grande valia para outros tipos de interpretação (da leitura, do cálculo, de uma situação...) especialmente se a possibilidade dessa transferência for pontualmente exposta pelo professor.

Acompanhar o movimento dos olhos dos alunos sobre o tabuleiro pode nos dar pistas sobre as inferências que estão fazendo. É fácil perceber a hesitação ao encontrar a solução do problema. Os olhos percorrem o tabuleiro em uma mesma trajetória por várias vezes sem que o lance, a solução do problema seja efetivada. Muitas vezes esse olhar se volta para o professor em um claro pedido de socorro, de confirmação ou de desespero, desorientação. Uma simples confirmação com a cabeça é suficiente para encorajá-lo a definir o lance. Essa oportunidade deve ser aproveitada para que essa aprendizagem possa ser transferida para outras aprendizagens. O professor precisa ser pontual.

Além disso, para muitas crianças, a capacidade de antecipação se apresenta de forma bem natural, já para outras essa habilidade tem que ser realçada e treinada para que se possa operar com ela e em alguns casos é comprometida pela ansiedade. Mesmo com pequena experiência de jogo, a maior parte dos alunos começa a evitar perder suas peças, principalmente as de maior valor, para o seu parceiro de jogo. Dessa forma, começa a antecipar o que virá a acontecer se fizerem um determinado lance ou captura. Nesse momento, entra em prática, efetivamente, uma função cognitiva denominada pensamento (VIGOTSKY, 1991). É lógico que de acordo com a faixa etária ou nível de desenvolvimento do aluno essa elaboração vai ser mais simples ou mais complexa.

A esse respeito é comum vermos crianças que antecipam dois lances a frente e acabam cometendo "lance impossível" por não respeitar a regra da alternância dos jogadores. Na figura abaixo, por exemplo, essas crianças conseguem antecipar que quando

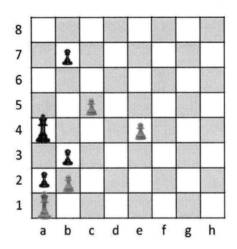

o peão branco da casa c5 avançar para a casa c6 poderá capturar o peão preto da casa b7, já que o peão captura na diagonal. Sendo assim, usa o peão de c5 para, imediatamente, capturar o peão de b7. A antecipação está perfeita, o que lhe faltou nesse plano foi a capacidade de reversibilidade do pensamento, já que entre o lance de avançar o seu peão branco e de capturar o peão preto (dois lances) existe um lance do jogador que tem as peças pretas. Resultado: comete um "lance Impossível" por realizar dois lances seguidos. O que vai interessar para o professor ou psicopedagogo, ou qualquer outro profissional que se utilize desse instrumento pedagógico, é identificar e valorizar a capacidade de antecipação dessa criança, principalmente fazendo com que ela tome ciência de que tem essa capacidade e de desenvolver formas de trabalhar a reversibilidade.

Muitas vezes, o simples fato de chamar a atenção antes que o lance seja feito é o suficiente para que comece a operar com essa capacidade de reversibilidade. Indagações do tipo: *Se você fizer esse lance o que o outro vai fazer depois?* também costumam ajudar.

3.6.2. Sobre os peões

A primeira peça a ser introduzida foi o peão, apesar de não ser a de movimento mais simples (única peça do tabuleiro que captura de uma forma diferente da que se movimenta) é a peça em maior quantidade no tabuleiro (8 de cada lado), o que dá a sensação de estar mais próxima do jogo real, garantindo um caráter lúdico desde o início. No entanto, é importante perceber que a "Batalha de Peões" ainda não é xadrez, mas o que alguns autores chamam de "protojogo".

3.6.3. Sobre as regras

No momento de introduzir as regras, sempre se deve ter em conta que o ensino das mesmas precisa ser feito de forma crítica, abrindo a possibilidade de modificá-las, na medida do possível e do necessário, para cumprir os objetivos propostos, mas garantindo-se a apropriação por parte do aluno do conhecimento e da capacidade de operar com a regra convencional (ASSIS, 2001), pois é com essa que ele vai se defrontar nos tabuleiros a fora.

Assim, podemos, por exemplo, permitir, ou até mesmo incentivar, que o aluno ou cliente fale durante o jogo para que possamos perceber como ele pensa o jogo; como constrói suas estratégias; o que observa, o que considera etc. Isso possibilitaria trabalharmos com uma espécie de protocolo verbal, bem próximo do que propõe Przewoznik e Soszynski (2004) em seu livro: *Como pensar xadrez*.

> **FIDE 12.6**: É proibido distrair ou perturbar o oponente de qualquer maneira. Isto inclui reclamações sem cabimento, ofertas de empate também sem cabimento ou apresentação de fonte de ruído na área de jogo.

Uma ação que vale a pena ser cobrada com certo rigor diz respeito à recomendação de não apoiar as mãos e/ou cotovelos no tabuleiro, o que garante melhor visualização do tabuleiro por parte dos dois alunos; evita acidentes com as peças e exige a manutenção do tônus muscular da musculatura paravertebral para sustentar uma postura física mais adequada para o jogo. Além disso, e mais importante, dessa forma pode-se observar o ato motor de movimentar as peças. Para alunos com algum comprometimento na coordenação motora fina, como é o caso do Caio, por exemplo, o ato de pinçar uma peça dentre outras tantas no tabuleiro e deslocá-la para outra casa, pode ser desastroso, provocando a derrubada e o deslocamento indesejável de várias outras peças, exigindo que sejam recolocadas exatamente no mesmo lugar. O que nem sempre é conseguido, podendo comprometer o prosseguimento da partida.

> **FIDE 7.3**: Se o jogador derruba ou desloca uma ou mais peças, deverá restabelecer a correta posição no seu próprio tempo.

Como é sabido, a coordenação motora fina tem importância central na realização da tarefa motora "escrever", sendo assim atentar para o desempenho do aluno na sua utilização pode dar pistas importantes sobre sua escrita, principalmente quando essa se mostra problemática.

Outra regra trabalhada estipula: "As peças brancas começam o jogo" (artigo 1.1 da FIDE). Essa é uma regra que dá a vantagem às brancas. Isso quer dizer que as peças brancas, se abrirem tecnicamente bem o jogo, começam com a iniciativa do ataque. Em outra fase da aprendizagem do xadrez, veremos que uma das tarefas iniciais das pretas é tomar a iniciativa. Nas aulas, de acordo com sua intencionalidade pedagógica, pode-se determinar quem começa o jogo de outra maneira (sorteio, por exemplo), desde que seja garantido que o aluno vai se apropriar do conhecimento dessa regra.

A tradição de peças brancas e pretas muitas vezes traz a tona questões relativas à identidade racial dos alunos. Alguns alunos negros veem reforçadas, no jogo, as relações raciais com as quais convivemos na sociedade brasileira, em que os negros, historicamente, são inferiorizados em relação aos não negros. Esses alunos evitam jogar com as peças pretas.

Esse é o caso de Pedro[7]. Aluno negro, com 8 anos, de uma escola privada de classe média. Ao ser sorteado para jogar com as peças pretas, sistematicamente anuncia sua derrota antes mesmo de começar o jogo, o que serve de argumento para tentar mudar o resultado do sorteio. Essa, que parece ser uma dificuldade com sua identidade racial, nos sugere que os percalços de Pedro com o comportamento podem advir daí. Classificado como um aluno inteligente pela escola, tem seu rendimento acadêmico comprometido por problemas de comportamento.

Através do próprio jogo foi possível contribuir para que Pedro começasse a ressignificar suas relações raciais e, consequentemente, seu lugar naquele espaço. Conhecer as peculiaridades de jogar com ambos os exércitos e entender que o "poder" do xeque-mate está com ele independentemente da cor das peças que utilize, foi fundamental para seu caminhar.

Outros, pelo contrário, em uma postura clara de resistência e de autoafirmação racial, fazem questão de jogar com as pretas para mostrar como essas são poderosas e, por extensão, a raça negra.

---

7 Todos os exemplos são recortes de situações vividas em sala de aula de escolas públicas ou particulares, porém os nomes são fictícios para preservar a identidade dos alunos citados.

Esse é o caso de Tarso, aluno do 7º ano de uma escola privada de classe média alta. Mestiço, com traços marcantes de seus ancestrais negros, exibe com orgulho o grande e "desarrumado" cabelo crespo (como dita a moda do momento). Aluno que mostra talento no xadrez faz questão de jogar com as peças pretas, pois, segundo ele, só com essas ele é capaz de ganhar.

Constantemente perde partidas para adversários considerados mais fracos por não ponderar que esses (jogando de brancas) tenham condições de derrotá-lo. Parece tratar-se de uma dificuldade de colocar-se no lugar do outro.

Tarso tem apresentado problemas de relacionamento na escola, o que tem incidido sobre seu rendimento acadêmico.

Também encontramos alunos não negros que se recusam a jogar com o exército negro por julgá-lo mais fraco.

Essas situações, muitas vezes, são reveladoras de entraves que podem se manifestar nas relações de aprendizagem. As aulas de xadrez, quando são guiadas pelo olhar e o ouvido atentos do professor, podem favorecer a ressignificação da identidade racial desses alunos.

Outra regra que é imediatamente cobrada com fins pedagógicos e psicopedagógicos é "Peça tocada é peça jogada". Quando o aluno toca, **intencionalmente**, em uma peça, mesmo que com a pontinha dos dedos, tem que jogar com ela. Dependendo da faixa etária da turma, essa é uma regra que pode ser introduzida gradativamente, pois envolve outras questões. Para os alunos mais novos (6 ou 7 anos) essa abstração não é simples e, por vezes, ainda não é possível que seja feita, por estes se encontrarem em uma fase mais concreta, na transição entre os períodos pré-operacional e operacional concreto, como na acepção de Piaget. Sendo assim, só vão conseguir perceber as consequências daquela jogada quando tocarem na peça e colocarem a mesma na casa escolhida. Com a maturidade, a crescente capacidade de abstração vai permitir maior naturalidade e eficiência, sendo possível cobrar desses alunos melhor desempenho nesta esfera.

A cobrança dessa regra exige e treina a capacidade de operar com as funções executivas, o que parece ser fundamental especialmente para os alunos que enfrentam alguns obstáculos no aprendizado da leitura e da escrita.

Ao que tudo indica, esse exercício foi fundamental para que Jacinto iniciasse a leitura e a escrita. Filho de mãe esquizofrênica e tendo vivido com ela até os 7 anos, idade em que chegou à escola municipal para ser matriculado no Período Intermediário do I Ciclo (equivalente à segunda 2ª série do E.F.), apresentava grande dificuldade de aprendizagem. Logo foi identificado o esforço que o menino fazia para enxergar o caderno e o quadro, o que fez com que a escola o encaminhasse para um programa que atendia esses casos, inclusive com a confecção dos óculos.

Jacinto era uma verdadeira incógnita para todos os professores. Nos seus dois primeiros anos na escola falava-se da possibilidade de sua convivência com a mãe ter comprometido sua sanidade, embora nunca tenha apresentado grandes problemas de comportamento, pelo contrário, estava mais para a apatia do que para outra coisa. Não que apatia não seja problema, mas no contexto da turma em que estava inserido talvez tivesse um destaque menor.

Mesmo com óculos Jacinto continuava apresentando uma "desorientação total", nas palavras de muitas de nós. Nas aulas de xadrez essa "desorientação" era notória. O menino não distinguia frente, atrás, lado, diagonal, ou seja, não conseguia se orientar no tabuleiro. Por muito tempo trabalhou com cartas de apoio (com movimentos das peças), pois parecia não reter na memória, nem de curta nem de longa duração, os movimentos das peças.

Três anos depois de iniciar as aulas de xadrez, Jacinto começou a ler, a escrever e está fazendo testes para a equipe de xadrez da escola.

Continuando a falar de regras, a jogada só está terminada, completa, quando o aluno tira totalmente a mão da peça soltando-a na casa de destino. Isso possibilita mais uma oportunidade para monitorar a opção feita e exige do outro aluno autocontrole para esperar que a jogada do outro seja concluída, mesmo que já tenha sua própria jogada em mente.

Essa é uma boa medida para observar o nível de ansiedade de alguns alunos. Isso tem sido importante especialmente para alunos como Karson, com **indicativos** de Transtorno do Déficit de Atenção com Hiperatividade (TDAH). Aluno da escola municipal, no 5º ano, com 11 anos e um dos componentes mais fortes da equipe de xadrez da escola em sua categoria, Karson enfrenta problemas causados por um comportamento um tanto quanto "inconsequente". Agitado, extremamente falante e detentor de uma desorganização que salta aos olhos, tem encontrado no xadrez o exercício do autocontrole, da reflexão, do planejamento, do automonitoramento etc.

3.6.4. Sobre o apoio

Dependendo da turma (faixa etária e nível de aprendizagem), a "Batalha de Peões" é trabalhada por 1, 2, 3 e até mesmo várias aulas. Para alguns alunos pode ser necessário mais do que isso e, nesses casos, são oferecidas "cartas" de apoio com o movimento das peças, além do apoio exposto na parede da sala, como vimos no caso do Jacinto.

4. Conclusão

O exercício de reflexão exigido pelo xadrez, para solucionar cada um dos problemas que aparecem no tabuleiro e a necessidade de analisar cada lance para encontrar, como síntese, a melhor jogada, traz para o cotidiano dos alunos envolvidos com essa atividade a capacidade de ouvir/ver/sentir, representar mentalmente, processar e agir. Essa capacidade desenvolvida *pari passu* com as funções executivas, de acordo com o observado empiricamente, parece tornar possível, a partir de uma mediação bem feita, a transferência dessa **atitude** para outras realidades de aprendizagem.

Por meio das aulas de xadrez tem sido possível acompanhar o processo de elevação da autoestima e segurança dos alunos, uma vez que esses, por uma exigência do jogo (não pode haver comunicação), precisam passar a confiar no que eles mesmos veem, sentem e interpretam no tabuleiro, sem necessitar da confirmação / autorização do professor para acertar ou arriscar, ainda que não faça o melhor lance.

Casos especiais como o do Jacinto, que há alguns anos não lia, não escrevia e demonstrava uma incapacidade de localizar-se espacialmente no tabuleiro, são emblemáticos. Hoje, Jacinto lê, escreve e não só joga xadrez como já participou de seu primeiro torneio fora da escola, tendo contribuído para que sua equipe conquistasse o terceiro lugar. Hoje Jacinto é um dos melhores jogadores de sua turma.

Alguns questionamentos aparecem: o xadrez ajudou Jacinto a ler e escrever ou à medida que desenvolveu a leitura e a escrita foi capaz de operar com a complexidade do xadrez? Ou ainda, as coisas aconteceram paralelamente, ou seja, as atividades (leitura, escrita e xadrez) se influenciaram mutuamente? Essas são questões que merecem ser estudadas de forma mais detidas.

Outro questionamento é sobre a formação necessária para ministrar aulas de xadrez escolar. A necessidade de transitar e, em alguns casos, dominar conhecimentos de áreas como Desenvolvimento e Aprendizagem Humana, Pedagogia, Psicopedagogia, Neuropsicologia, dentre outras, além dos conhecimentos enxadrísticos especificamente, exige desse profissional uma formação sólida e uma grande capacidade de manter-se em formação continuada, pois ainda não existe no Brasil uma formação, seja ao nível de graduação, extensão ou pós-graduação, que abarque todas essas área.

Parece-nos que o licenciado leva alguma vantagem frente a outros profissionais, visto que é especialista no "fazer escolar". E talvez, o licenciado em Educação Física leve ainda mais vantagem, por ser detentor de conhecimentos sobre a teoria dos jogos e por isso ter uma visão menos mecanicista do xadrez. Além disso, dentre todas as licenciaturas (com exceção para a área biológica), essa é a que se aproxima mais da interface entre educação e saúde, sendo mais "natural" o entendimento de um ser cognoscente-cultural-sócio-biológico.

Apesar de em outros países do mundo, como por exemplo, nos Estados Unidos e Cuba, o xadrez já fazer parte do cotidiano escolar há décadas, aqui no Brasil ele tem aparecido como um elemento inovador capaz de motivar os alunos a desenvolver competências e habilidades não desenvolvidas em outras áreas. Principalmente quando oferecido para crianças com histórico ou traços de dificuldade de aprendizagem.

Ainda que de forma inconclusiva, o xadrez parece configurar-se como um possível instrumento psicopedagógico que, aliados a outros já consagrados, pode ser utilizado em momentos de avaliação e também no tratamento, permitindo conhecer a forma de pensar do cliente, solucionando problemas, operando com as funções executivas e cognitivas, além de também poder ser usado para a potencialização dessas mesmas funções durante o tratamento.

4. Conclusão

Conclusivamente podemos dizer que o xadrez na escola, principalmente nas escolas públicas, contribui para desconstruir o paradigma de que esse é um jogo para homens, brancos e ricos. Também contribui para o deslocamento da atenção dada aos gênios desse jogo, e de seus praticantes mais promissores, para os alunos que mais podem se beneficiar dele: aqueles que enfrentam percalços em sua trajetória escolar.

5. Referências Bibliográficas

ASSIS, S. **Reinventando o esporte**: possibilidades da prática pedagógica. Campinas: Autores Associados, 2001.

CAMPITELLI, G.; GOBET, F. Uma revisão crítica sobre os benefícios educativos da instrução enxadrística, **IN:** FILGUTH, R. **A importância do xadrez**. Porto Alegre: Artemed, 2007, p.183-194.

CARVALHO, H. **Lance de mestre − Professores utilizam o xadrez como ferramenta pedagógica.** Portal SescSP, Educação, http://www.sescsp.net/sesc/revistas_sesc/pb/artigo.cfm?Edicao_Id=193&breadcrumb=1&Artigo_ID=3047&IDCategoria=3279&reftype=1 acessado em 15/09/09.

CASTEL, A. D. The dark side of expertise. <u>Psychological science</u>, v. 18, n.1, p. 3-5, 2007.

CHASE, W. G. E SIMON, H. A. <u>Perception in chess. Cognitive Psychology.</u> 55-81.

DE GROOT, A. D. Perception and memory versus thought: some old ideas and recent findings. In: KLEINMUNTZ, B. **Problem solving**: <u>Research, method and theory.</u> New York: John Wiley, 1973, p.19-50.

DIDIERJEAN, A **A mente do jogador de xadrez**. Revista **Viver Mente & Cérebro**, Ano III, n. 145, p. 56-6, 2005.

EM PAUTA: Xadrez. **Coleção Gira mundo.** _. ano 4, n. 40, p.1-4, 2006.

FERNANDEZ, A. **Os idiomas do aprendente: analise das modalidades de ensinantes com famílias, escolas e meios de comunicação.** Porto Alegre: Artes Médicas, 2001.

GOBET, F. Chunking mechanisms in human learning. <u>**Trends in Cognitive Sciences**</u>, v. 5, n. 6, 236-243, 2001.

_____.; SIMON, H. A. Templates in chess memory: a mechanism for recalling several boards. **Cognitive Psychology**, 31, n. 0011, p. 1-40, 1996.

JORNAL DO BRASIL. **Educação em ritmo de xeque-mate.** Rio de Janeiro, 07 mai. 2007. JB Barra, p. 4 e 5.

MALLOY-DINIZ, L.; SEDO, M. Neuropsicologia das funções executivas. In: FUENTES, D. *al*, **Neuropsicologia**: Teoria e Prática. Porto Alegre: Artes Médicas, p.187-206, 2008.

MAZIERI, J. Ginástica Cerebral. **Companhia Athletica Magazine**. São Paulo, ano VI, n. 18, p. 44-45, 2005.

NEVES, T. Vamos jogar xadrez? **O Globo**. Rio de Janeiro, 26 out. 2006. O globo Revista, ano 2, n. 118, p. 22, 2005.

O GLOBO.O segredo está na multidisciplinaridade. 2006. O Globo Niterói, Especial de Educação. Niterói, n. 1282, p. 13, 29 out. 2006.

_____. **Lições de estratégia e de vida.** . O Globo Tijuca, Rio de Janeiro, n. 1745, p. 3, 23 abr. 2009.

_____. **Vinte crianças e um campeão de xadrez.** O Globo Barra, Rio de Janeiro, n. 1494, p.1, 29 mar. 2009.

OLIVEIRA, M. R. A. A imagem da arte literária processada pelo xadrez. **Nós da Escola**, Rio de Janeiro, ano 3, n. 39, p. 32-33, 2006.

POZO, J. I.. **Solução de problemas**: aprender a resolver, resolver para aprender. Porto Alegre: Artmed, 1998.

PREFEITURA DA CIDADADE DO RIO DE JANEIRO. Bairros Cariocas. Portal da Prefeitura da cidade do Rio de Janeiro. http://portalgeo.rio. rj.gov.br/bairroscariocas/index_bairro.htm, acessado em 01/10/2009.

Przewoznik, Jan e Soszynski, Marek (2004). Como pensar em xadrez. Rio de Janeiro: Ciência Moderna, 2009.

5. Referências Bibliográficas | 91

Receitas simples ajudam a melhorar o ensino. O Globo. Rio de Janeiro, 26 mar. 2008. O País, p.8 e 9.

REZENDE, S. **Xadrez na escola** – Uma abordagem didática para principiantes. Rio de Janeiro: Ciência Moderna, 2002.

_____. **Xadrez pré-escolar.** Rio de Janeiro: Ciência Moderna, 2005.

SÁ, A. V. M. DE   Posfacio: Capacidades desenvolvidas pelo xadrez. In: TIRADO, A.; SILVA, W. **Meu primeiro livro de xadrez.** Curitiba. Expoent, 2003.

_____. Contribuições do Xadrez para o desenvolvimento escolar. In: CALLEROS, C. **Xadrez- Introdução à organização e a arbitragem.** Rio de Janeiro: Ciência Moderna, 2006, p. 111-123.

SILVA, W. da (2004). **Jogos pré-enxadrísticos.** Ensino. Apostilas. Jogos Pré-Enxadrísticos. Disponível em: <http://www.cex.org.br> Acessado em 10/03/2004.

WEINBERG, M. "Sou o melhor". Veja, 1868. ed. São Paulo, p. 11-15, 25 ago. 2004.

VAZQUEZ, A. S. **Filosofia da Práxis.** 4. ed. São Paulo: Paz e terra, 1990.

VYGOTSKY, L. S. **A Formação Social da Mente.** São Paulo: Martins Fontes, 1994.

_____. **Pensamento e Linguagem.** 2. ed. São Paulo: Martins Fontes, 1998.

_____. **Pensamento e Linguagem.** 3. ed. São Paulo: Martins Fontes, 1991.

ANEXO I
Quadros de acompanhamento das turmas

PEÇAS QUE A TURMA MOVIMENTA

TURMAS/PEÇAS	♙	♜	♝	♟	♞	♛

CONCEITOS QUE A TURMA DOMINA

CONCEITO/TURMAS			1300	1300	1300	1400	1400	1400
Casa atacada								
Xeque e mate								
Salvar o Rei								
Abertura	Proteção do Rei							
Abertura	Desenvolvimento							
Abertura	Centro							
Abertura	f2 / f7							
Meio-jogo	Proteção							
Meio-jogo	Trocas (Valor relativo)							
Meio-jogo	Táticas	Duplo/garfo						
Meio-jogo	Táticas	Raio X						
Meio-jogo	Táticas	Xeque descoberto						
Meio-jogo	debilidades	Ataque ao roque						
Meio-jogo	debilidades	peões dobrados						
Meio-jogo	debilidades	Peças Bloqueadas						
Meio-jogo	Casas ideais							
Meio-jogo	Espaço							
FINAL	Xeque pastor							
FINAL	Mate do Louco							
FINAL	Corredor							
FINAL	Torre/Dama/Rei X Rei							
FINAL	Torres/Rei X Rei							
FINAL	Bispo/Dama X Rei							
FINAL	Cavalo/Dama X Rei							
FINAL	peão/Rei X Rei							

OBS: Os conteúdos aqui propostos não estão em sequência de apresentação para as turmas. Essa sequência deve ser definida pelo professor de acordo com a turma

ANEXO II
Avaliação diária

AVALIAÇÃO DIÁRIA

TURMA/ DATA		AVALIAÇÃO FORMATIVA DIÁRIA					
130...							
130...							
130...							
140...							
140...							
150...							

Paul Morphy - A Genialidade no Xadrez

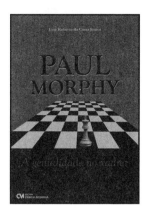

Autor: Luiz Roberto da Costa Júnior

200 páginas
1ª edição - 2011
Formato: 16 x 23
ISBN: 978-85-399-0056-5

Paul Morphy nasceu em Nova Orleans, em Louisiana. O xadrez e a música promoviam uma atmosfera cultural importante ao jovem Morphy na residência da família aos domingos. Reconhecido como garoto prodígio e fluente em inglês, francês, alemão e espanhol, Morphy foi se transformando no jogador de xadrez mais erudito de sua época. Em 1857, o Primeiro Congresso Americano foi realizado em Nova Iorque com os 16 melhores jogadores disputando matches eliminatórios. Morphy venceu os 4 matches e se tornou campeão dos Estados Unidos. Em 1858, Morphy seguiu para a Europa, onde jogou e venceu vários matches na Inglaterra e na França. Em 1859, Morphy retornou para os Estados Unidos. Ele foi homenageado e reconhecido como campeão do mundo tanto na Europa como nos Estados Unidos.

Morphy tinha um estilo de sacrificar material para ganhar tempo de desenvolvimento e jogar de maneira dinâmica as posições. Ele tinha um senso de posição e entendia a importância da harmonia das peças. A análise e o estudo de suas partidas ajudam a entender três princípios principais na abertura: 1) o rápido desenvolvimento das peças; 2) o domínio do centro; 3) a abertura de linhas..

À venda nas melhores livrarias.

Dominando as Aberturas de Xadrez - Volume 4

Autor: John Watson

211 páginas
1ª edição - 2011
Formato: 16 x 23
ISBN: 978-85-399-0035-0

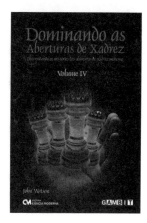

Em "Dominando as Aberturas de Xadrez Volume IV", John Watson examina alguns sistemas maiores que estavam fora do alcance dos três primeiros volumes. O resultado é uma obra que mistura estratégias modernas, abordagens antigas e esquemas não convencionais nas aberturas que são mais úteis para os jogadores comuns, em termos de explicação e instrução. Para complementar, há uma análise detalhada da escolha e preparação das aberturas e modos de melhorar seu jogo.

Nesse livro, o leitor encontra dois capítulos dedicados a uma investigação do Sistema Réti, complemento lógico para os volumes anteriores; dois capítulos que se concentram no fianqueto, com suas vantagens e desvantagens; um longo capítulo sobre os gambitos, abordando também o Gambito Benko, outra abertura predominante, entre outros assuntos.

À venda nas melhores livrarias.

Segredos da Moderna Estratégia de Xadrez

Autor: John Watson

536 páginas
1ª edição - 2010
Formato: 16 x 23
ISBN: 978-85-7393-902-6

A Parte 1 desta obra foi planejada para fazer o aluno se sentir confortável com a teoria clássica e com as revisões e Nimzowitsch a essa teoria. Pareceu justo com o típico fã de Xadrez explicar sobre a antiga teoria e basear as fundações para reclamações posteriores de mudanças radicais. Mas a Parte 1 também abre o assunto da evolução 'moderna' da antiga teoria. Embora a distinção seja um tanto arbitrária, foi introduzido na Parte 1 o que poderia ser chamado de desenvolvimento 'natural' da antiga teoria, enquanto a parte 2 é devotada às mudanças 'evolucionárias', por exemplo, àquelas que refutam os princípios antigos ou envolvem mudanças filosóficas fundamentais. Assim, ambas as partes cumprem o que diz o subtítulo deste livro (Avanços desde Nimzowitsch'); mas a Parte 2 cobre, com uma revisão mínima dos pensamentos do passado, as novas ideias que radicalmente distinguem o jogo moderno.

À venda nas melhores livrarias.

Impressão e Acabamento
Gráfica Editora Ciência Moderna Ltda.
Tel.: (21) 2201-6662